DIE LIEBE FEIERN

Titel der Originalausgabe:
"Celebrating Love"

English language publication 2005 by
Art of Living Foundation U.S.

Aus dem Englischen von
Dr. Rolf Janzen und Anna Kristin Prahl
unter Mitarbeit von
Gerlinde Rappenecker und Andrea Berninger
1. Auflage März 2009

Gesamtherstellung: Diana Schulz
Coverumsetzung: Raphaela C. Näger
Bilder: The Art of Living Bad Antogast
Lektorat: Angelika Funk
Printed in Germany
ISBN: 978-3-937883-24-3

S. H. Sri Sri Ravi Shankar

DIE LIEBE FEIERN

Ausgewählte Wissensbriefe
aus den Jahren 1995 bis 2002

Gesammelt und ausgewählt von
Bill Hayden und Anne Elixhauser

Inhaltsverzeichnis

Einführung

1995 begründete Sri Sri Ravi Shankar eine Tradition: Er hielt wöchentlich einen Kurzvortrag, der sich an alle Menschen auf der Suche nach Inspiration, Weisheit oder Lösungen zur Bewältigung der täglichen Herausforderungen des Lebens richtete. Dieses Wissen gelangte jede Woche in alle Kontinente und die Vorträge wurden jedes Jahr zusammengefasst als Buch unter dem Titel »An Intimate Note to the Sincere Seeker« herausgegeben. (Die ersten vier Bände sind auch in deutscher Übersetzung als »Persönliche Briefe des Meisters an den aufrichtigen Sucher« erschienen).
Im Jahr 2001 erschien mit »Die Stille feiern« eine Sammlung der meisten Wissensbriefe aus den ersten fünf Jahren, zusammengefasst in einem Buch. Am 5. September 2002 verfasste Sri Sri Ravi Shankar den letzten seiner 365 wöchentlichen Wissensbriefe. Das vorliegende Buch ist eine Sammlung der Briefe hauptsächlich aus den letzten beiden Jahren sowie einiger Texte, die nicht in »Die Stille feiern« veröffentlicht wurden.

Wer das Glück hatte, beim Entstehen eines der Wissensbriefe bei Sri Sri Ravi Shankar zu sein, empfand die Klugheit und Weisheit als sehr aufschlussreich und erhebend und erlebte die Diskussionen als Quell der Freude und Erkenntnis. Einmal sagte er: »In der Gegenwart deines Sadgurus fließt das Wissen, Kummer verschwindet und ohne jeden Grund kommt Freude auf und alle Talente können sich entfalten.« Auch heute noch bewirken diese Wissensbriefe dieselben Erfahrungen und wenn jemand Weisheit oder Rat sucht und einfach einen Band der Wissensbriefe aufschlägt, findet er häufig genau das, wonach er gesucht hat – so als ob das Paradigma von Zeit und Distanz ersetzt würde durch ein zeitloses Kontinuum eines Sorge tragenden, intelligenten Bewusstseins.

Die Reise dieser Wissensbriefe begann in Big Sur, Kalifornien, und endete in Neu Delhi, Indien – ein großartiger, siebenjähriger Zyklus kam zu seinem Ende. Der Weg führte vielfach um die Welt und dabei wurden die Herzen und der Geist von Millionen durch die Weisheit dieses außergewöhnlichen Menschen gesegnet.
Für Anne und Bill gingen damit auch die sieben Jahre zu Ende, in denen sie gespannt den nächsten wöchentlichen Wissensbrief erwartet hatten. Beide vermissen die Wissensbriefe auch heute noch, aber das wiederholte Lesen und Studieren dieser kompakten Perlen der Weisheit erinnert sie immer wieder aufs Neue daran, wie sehr uns dieses Wissen durch schwere Zeiten und durch Zeiten des Wachstums führen kann – es erfordert nur Aufrichtigkeit und einen offenen Geist.

Wie schon in »Die Stille feiern« sind die Briefe auch in diesem Buch thematisch und nicht chronologisch geordnet. Der erste Teil hilft uns, die konkreteren Dinge zu verstehen, mit denen wir umgehen müssen, wie Sorge, Zorn und Gewalt – Dinge, die wir ändern wollen, ebenso wie Dinge, die wir erhalten und fördern möchten, wie Liebe und Leidenschaftslosigkeit.

Der zweite Teil baut auf dem ersten auf, lehrt uns, was es bedeutet, auf dem spirituellen Weg zu sein, beinhaltet Themen wie Dienen, Hingabe, menschliche Werte und spirituelle Führung.
Der dritte Teil stellt den Höhepunkt dar. Er beinhaltet Wissen zum Verständnis von Gott, unserer Beziehung zu Ihm und zu unserem inneren Selbst - das, was wir aufrichtig suchen, oftmals ohne es zu wissen, das, was uns dahin führt, die Liebe zu feiern.

Wenn Liebe glüht, ist sie Glückseligkeit.
Wenn Liebe fließt, ist sie Mitgefühl.
Wenn Liebe bläst, ist sie Zorn.
Wenn Liebe gärt, ist sie Eifersucht.
Wenn Liebe nur aus »Nein« besteht, ist sie Hass.
Wenn Liebe handelt, ist sie Vollkommenheit.
Wenn Liebe weiß, dann bin ich es.

Sri Sri Ravi Shankar

Kapitel 1

Jemanden zu lieben, den du magst, ist unbedeutend. Jemanden zu lieben, weil er dich liebt, ist unwichtig.

Jemanden zu lieben, den du nicht magst, bedeutet, dass du eine Lektion im Leben gelernt hast.

Jemanden zu lieben, der dich grundlos beschuldigt, zeigt, dass du die Kunst des Lebens gelernt hast.

Im Flugzeug von Singapur nach Hawaii
12. April 2001

Lernen ist unvermeidlich. Du lernst, wenn du etwas richtig machst, und du lernst, wenn du Fehler machst. In jeder Situation und von jedem lernst du, was zu tun und was zu lassen ist. Ob du fehlerhaft oder korrekt arbeitest, du lernst in jedem Fall. Das kannst du nicht verhindern.

Nur wenn du schläfst, lernst du nicht. Wenn du verschlafen durch das Leben gehst, gibt es für dich kein Leid und keine Freude und auch kein Lernen. Die meisten Menschen leben in einem solchen Dämmerschlaf. Deshalb versuchen viele Menschen gar nicht erst, aus ihrem Leid herauszukommen.

Washington, D.C., USA
2. Juli 2002

Fehler passieren ständig. Oft ärgern sie dich und du möchtest sie korrigieren. Aber wie viele kannst du denn korrigieren? Du korrigierst die Fehler anderer aus zweierlei Gründen: Entweder ärgert dich der Fehler, den jemand gemacht hat, oder du korrigierst jemanden um seiner selbst willen, damit er wachsen kann, und nicht, weil es dich stört. Aus dem ersten Grund Fehler zu korrigieren - weil sie dich ärgern - funktioniert nicht.

Nur mit Liebe und Autorität kannst du Fehler korrigieren. Autorität und Liebe scheinen Gegensätze zu sein, aber in Wirklichkeit sind sie es nicht. Autorität ohne Liebe ist erdrückend und funktioniert nicht, Liebe ohne Autorität ist oberflächlich. Du brauchst eine richtige Mischung aus beiden, um Fehler anderer erfolgreich korrigieren zu können. Das geht nur, wenn du ganz in deiner Mitte und objektiv bist.

Wenn du Fehlern Raum lässt, kannst du gleichermaßen Respekt einflößend und sanft sein. Das ist göttlich - die richtige Mischung aus beidem. Krishna und Jesus besaßen beide Eigenschaften. Menschen, die lieben, haben auch Autorität bei denen, die sie lieben. Autorität und Liebe gibt es in allen menschlichen Beziehungen.

Lake Tahoe, Kalifornien, USA
12. Juli 2001

Rede nicht mit anderen Menschen über Fehler, die sie bereits eingesehen haben. Wozu sollte es gut sein, auf einen Fehler hinzuweisen, den der andere schon eingesehen hat? Wenn du das tust, bekommt der andere noch mehr Schuldgefühle, wird defensiv und verärgert, was zu mehr Distanz führt. Und weise nicht auf den Fehler einer Person hin, dessen er sich bewusst ist, von dem er aber nicht möchte, dass du davon weißt. Oft wissen Menschen, dass sie Fehler begangen haben, aber sie wollen nicht, dass du sie darauf hinweist.

Du solltest Menschen nur auf Fehler hinweisen, die ihnen nicht bewusst sind und auf die sie hingewiesen werden wollen.

Frage dich selbst, ob deine Kommentare hilfreich sind. Bevor du auf einen Fehler hinweist, frage dich, ob dein Hinweis die Situation verbessert und dem liebevollen und harmonischen Zusammenleben dient. Ein großmütiger Mensch weist andere nicht auf ihre Fehler hin und erzeugt Schuldgefühle bei ihnen. Stattdessen korrigiert er fürsorglich und mitfühlend die Fehler anderer – nicht durch Worte, sondern durch seine Haltung.

New York City, New York, USA
29. August 2000

Wenn du deine Rechtschaffenheit beweisen willst, bist du oft den Gefühlen anderer gegenüber unsensibel. Es ist sinnlos, mit jemandem, der sich gekränkt fühlt, zu diskutieren, um zu beweisen, dass du im Recht bist. Indem du einfach sagst: »Es tut mir leid«, kannst du den anderen aufbauen und nimmst der Auseinandersetzung die bittere Note. In vielen Situationen ist es besser zu sagen: »Es tut mir leid«, als zu beweisen, dass du recht hast – es kann so viel Unannehmlichkeiten verhindern.

»Es tut mir leid.« Wenn diese vier Worte aufrichtig gesagt werden, können sie Ärger, Schuldgefühl, Hass und Distanz beseitigen.

Viele Menschen empfinden Stolz, wenn andere zu ihnen sagen: »Es tut mir leid.« Das gibt ihrem Ego Auftrieb. Aber wenn du zu einem weisen Mann sagst: »Es tut mir leid«, wird er Mitgefühl mit deiner Unwissenheit haben. Und wenn du zu deinem Guru sagst: »Es tut mir leid«, wird er zornig werden und sagen: »Geh! Höre *Ashtavakra*!«* Deine Entschuldigung deutet auf »Täterschaft« hin, du meinst, dass du einen Fehler gemacht hast.

Fehler entstehen aus einem unbewussten Geist heraus. Ein unbewusster Geist kann nichts richtig machen, während ein bewusster Geist nichts falsch machen kann. Der Geist, der einen Fehler macht, und der Geist, der den Fehler erkennt, der sagt: »Es tut mir leid«, sind völlig verschieden. Der Geist, der sich entschuldigt, kann kein unbewusster Geist sein. Deswegen ist ein aufrichtig gesagtes Es-tut-mir-leid ein großer Fehler.

Hast du es begriffen oder bist du verwirrt? Wenn du es nicht begriffen hast, dann sollte es dir nicht leid tun oder ... es kann dir leid tun.

Es ist schon seltsam – die Wahrheit ist paradox.

Europäisches Zentrum,
Bad Antogast, Deutschland
28. Dezember 2000

* Der Kommentar zur *Ashtavakra Gita* von Sri Sri Ravi Shankar, in dem er ausführlich auf das Gespräch zwischen dem Weisen Ashtavakra und dem König Janaka eingeht.

Dein Körper ist wie eine Waschmaschine, dein Geist ist wie deine Kleidung, jede Lebenszeit ist wie ein Waschgang, das klare Wasser ist Liebe, das Waschmittel ist Wissen. Der Geist kommt in den Körper, um gereinigt und geklärt zu werden.

Aber wenn du statt eines Waschmittels Schmutz verwendest, bekommst du schmutzige Kleider, schmutziger als zuvor. Dann wirst du die Kleider immer wieder in die Waschmaschine stecken müssen, um sie sauber zu bekommen. Dieser Vorgang wiederholt sich dann immer und immer wieder. Ebenso wirst du noch viele weitere Male wiedergeboren werden, bis du aufhörst, immer wieder dieselben Fehler zu machen.

Gyan Mandir, Bangalore, Indien
21. Dezember 1995

Kämpfe kann es nur zwischen Gleichrangigen geben. Wenn du mit jemandem kämpfst, stellst du diese Person auf deine Ebene. Aber in Wirklichkeit gibt es niemand, der dir genau gleicht. Es gibt keinen Kampf, wenn du andere Menschen als über oder unter dir stehend ansiehst. Wenn sie über dir stehen, respektierst du sie, wenn sie unter dir stehen, liebst du sie und hast Mitgefühl mit ihnen. Sowohl Unterordnung als auch Mitgefühl kann einen Kampf schnell beenden. Das solltest du bedenken, wenn du des Kämpfens müde bist. Wenn du jedoch frisch und ausgeruht bist, dann kämpfe ruhig und habe Spaß dabei.

Dasselbe gilt für deinen Geist. Wenn der Geist in den Sinnen gefangen ist oder glaubt, er sei den Sinnen gleich, gibt es ständig Konflikte. Wenn er jedoch kleiner ist als die Sinne, wie bei den Tieren, gibt es keinerlei Konflikt. Und wenn der Geist erkennt, dass er größer ist als die Sinne, gibt es wiederum keinen Konflikt. Wenn er dagegen über den Sinnen steht, kehrt er zu seinem wahren Wesen zurück, der Unschuld.

Macht das Sinn?

Internationales Zentrum, Bangalore, Indien
18. August 2000

Deine Unfähigkeit, etwas Bestimmtes zu tun, etwa eine Gewohnheit zu durchbrechen, kann Druck erzeugen.

Wenn dich etwas tief schmerzt, wird der Schmerz dich von dieser Gewohnheit befreien. Wenn dich deine Unzulänglichkeit schmerzt, bist du ein *Sadhaka*, ein spirituell Suchender.

Schmerz führt dich aus der Sucht heraus.

Los Angeles, Kalifornien, USA
30. Januar 1997

Wenn du dein Verhalten beobachtest, wirst du bemerken, dass du zögerst, etwas Gutes zu tun, während du schnell bei der Hand bist, wenn es darum geht, etwas Schlechtes zu tun. Zum Beispiel, wenn du wütend bist, dann willst du das sofort ausdrücken.

Weißt du, warum das so ist? Weil Tugenden deine wahre Natur sind und dich nie verlassen werden, während Laster nicht dein wahres Wesen sind und dich verlassen werden. Negative Neigungen sind von kurzer Dauer. Wenn du sie nicht sofort auslebst, sind sie schnell vergessen. Niedergeschlagenheit und Weinen können nicht lange anhalten, insbesondere nicht in derselben Intensität. Vielleicht befürchtest du ja, dass deine Laster dich verlassen, wenn du sie nicht auslebst.

Es ist weise, negative Handlungen auf später zu verschieben, weil es dann oft nicht mehr dazu kommt. Und es ist weise, Gutes sofort zu tun, sonst wirst du damit fortfahren, gute Taten für die nächsten Lebenszeiten aufzuschieben.

Internationales Zentrum, Bangalore, Indien
8. Februar 2002

Warum sind Menschen machthungrig?

Menschen sind machthungrig, weil sie Aufmerksamkeit erregen und Anerkennung erringen wollen. Macht ist nur ein Mittel zum Zweck, genauso wie Geld. Ihre Leidenschaft gilt dem Ziel. Menschen, die Macht oder Geld als Selbstzweck ansehen, leben nicht, sie existieren einfach nur.

Solange du nicht erkannt hast, dass du die Macht bist, dass du erleuchtet bist, so lange wirst du nach Macht hungern.

Wenn du keine Talente, keine Liebe, keine Leidenschaft hast oder wenn du nicht unschuldig bist wie ein Kind, wirst du hungrig nach Aufmerksamkeit und Anerkennung sein. Dann wirst du machthungrig wie einige Politiker.

Wenn du keine Talente hast und der Gesellschaft keinen wesentlichen Beitrag leistest, beispielsweise wie ein Künstler, Wissenschaftler, ein Lehrer der »Kunst des Lebens« oder ein ehrenamtlich tätiger Mensch, wirst du machthungrig sein.

Wenn dir die Liebe oder der leidenschaftliche Wille fehlt, dich an der Verbesserung der Gesellschaft zu beteiligen, wirst du machthungrig sein.

Wenn du nicht unschuldig bist wie ein Kind, wenn du das Gefühl der Zusammengehörigkeit mit der ganzen Welt nicht kennst, wirst du machthungrig sein.

Die wahre Macht ist die Macht des Geistes. Nur aus dem Geist entspringen wahre Zuversicht, Stärke und Glück. Wer das weiß und erkannt hat, der hungert nicht mehr nach Macht.

Internationales Zentrum, Bangalore, Indien
30. August 2001

Ehrgeiz ist ein Zeichen für mangelndes Selbstvertrauen. Du wirst nicht ehrgeizig sein, wenn du weißt, dass du etwas leicht erreichen kannst; dann wirst du einfach zuversichtlich sein.

Dein Ehrgeiz ist ein Zeichen von Herausforderung und Unsicherheit – dem Gegenteil von Selbstvertrauen. Jemand, der völliges Selbstvertrauen hat, kann nicht ehrgeizig sein, ebenso wenig wie jemand, der überhaupt kein Selbstvertrauen besitzt. Um ehrgeizig zu sein, benötigst du ein wenig Selbstvertrauen und völlige Unkenntnis des Selbst. Es ist fast unmöglich, völliges Vertrauen zu haben ohne Selbsterkenntnis.

Viele Menschen sind stolz darauf, ehrgeizig zu sein. Ein weiser Mensch kann darüber nur lächeln. Man kann keinen Ehrgeiz entwickeln, wenn man sich seiner Sache sicher ist. Man kann nur Ehrgeiz entwickeln für eine Aufgabe, die einer Anstrengung bedarf, die eine Herausforderung darstellt, deren Lösung nicht sicher ist. Ehrgeiz raubt dir die Freude des Augenblicks.

Wenn du das Selbst kennst, musst du nichts anderes mehr erreichen, denn die ganze Schöpfung ist reines Spiel und die Widerspiegelung deines eigenen Bewusstseins.

Mit dem Wissen um das Selbst ist nichts mehr herausfordernd für dich, du musst dich nicht mehr anstrengen. Die Natur ist bereit, deinen Absichten zu entsprechen, noch bevor du selbst sie kennst. Da bleibt kein Raum für Begierden oder Wünsche.

Die Natur lässt es nicht zu, dass der Weise Wünsche oder Ehrgeiz hat. Ebenso wenig erlaubt sie, dass der Unwissende seine Wünsche und seinen Ehrgeiz befriedigt oder sie aufgibt.

Hawaii, USA
17. April 2001

Die Natur hat allen Lebewesen ein wenig Angst eingepflanzt. Diese Angst sorgt dafür, dass das Leben sich selbst verteidigt, sich selbst schützt. Ein wenig Angst ist so notwendig wie das Salz in der Suppe. Sie hält die Menschen auf dem Pfad der Rechtschaffenheit.

- Angst davor, jemanden zu verletzen, macht dich bewusster.

- Angst davor, zu versagen, macht dich dynamisch und aktiv.

- Angst bringt dich aus der Sorglosigkeit zur Umsichtigkeit.

- Angst bringt dich aus der Gleichgültigkeit und macht dich verständnisvoll.

- Angst bringt dich aus der Dumpfheit und macht dich hellwach.

Völliges Fehlen von Angst kann zu zerstörerischen Neigungen führen – ein Mensch mit einem verzerrten Ego kennt keine Angst, genauso wenig wie ein Mensch mit einem erweiterten Bewusstsein. Während das Ego die Angst verdrängt und destruktiv handelt, nimmt der Weise seine Angst wahr und sucht Schutz im Göttlichen.

Wenn du voller Liebe bist, ganz hingegeben bist, hast du keine Angst. Auch das Ego kennt keine Angst. Aber zwischen diesen beiden angstfreien Zuständen ist ein himmelweiter Unterschied.

Angst macht dich rechtschaffen; Angst bringt dich der Hingabe ganz nahe, sie hält dich auf dem rechten Weg, verhindert, dass du destruktiv wirst. Aufgrund von Angst werden auf der Erde Friede und Gesetze geachtet.

Ein Neugeborenes kennt keine Angst, es verlässt sich völlig auf seine Mutter. Wenn ein Menschenkind oder ein Kätzchen oder ein Küken beginnt selbstständig zu werden, erfährt es Angst und deshalb läuft es zurück zu seiner Mutter. Das ist von der Natur so eingerichtet, um das Leben zu bewahren.

Also liegt der Sinn der Angst darin, dich an die Quelle zurückzubringen.

Udaipur, Jagmandir, Indien
1. März 2001

Heutzutage fragen sich viele Menschen, wie sie mit ihrer Angst umgehen können. Hier sind einige Möglichkeiten, der Angst zu begegnen:

- Sing, tanze und feiere. Schon die Absicht zu feiern wird dir helfen, ausgeglichener zu sein.

- Denk darüber nach, was du für andere tun kannst, anstatt nur über dich nachzudenken.

- Ehrenamtlich zu arbeiten wird dir Energie schenken.

- Habe eine Haltung der Opferbereitschaft.

- Denk daran, dass du einem höheren Ziel verpflichtet bist.

- Mach deine Yoga- und Atemübungen, meditiere.

- Denk daran, dass alles auf dieser Welt vorübergehend ist.

- Glaube an das Göttliche, gib dich dem Göttlichen hin. Verlasse dich darauf, dass es eine höhere Macht gibt, die dich liebt, die hinter dir steht und dich vollkommen akzeptiert, so wie du bist. Das Gefühl der Sicherheit kommt mit diesem Gefühl der Zusammengehörigkeit.

- Sei mutig und erwecke den Löwen in dir.

- Sei eine Zeit lang unberechenbar. Angst ist immer mit einer bestimmten Erwartung verbunden. Also tu etwas völlig Sinnloses, Unvorhersehbares.

- Bereite dich auf das Schlimmste vor. Das gibt deinem Geist Stabilität.

- Erinnere dich an eine ähnliche Situation in der Vergangenheit, in der du deine Angst überwinden konntest.

Nordamerikanisches Zentrum, Montreal, Kanada
4. Oktober 2001

Wenn dich jemand beschuldigt, trägst du schwer daran. Und wenn du darüber sprichst, verbreitet sich eine unangenehme Stimmung. In dem Moment wach auf und erkenne, dass du das Sein bist und nichts dich berühren kann. All das ist nur ein Drama, das du selbst geschaffen hast. Du hast solche Dramen wieder und wieder erlebt. All die Beschuldigungen, mit denen du in diesem Leben konfrontiert wirst, sind deine eigene Schöpfung. Mit dieser Erkenntnis wirst du dich frei und leicht fühlen.

Dadurch, dass du die Verantwortung für alle Erfahrungen in deinem Leben übernimmst, spürst du deine Macht und hörst auf zu schimpfen, Gleiches mit Gleichem zu vergelten, Erklärungen zu geben und Nährboden für eine Vielzahl anderer negativer Tendenzen zu sein. Volle Verantwortung zu übernehmen macht dich frei.

Wie reagierst du, wenn dich jemand direkt oder indirekt beschuldigt?

- Macht es dich nachtragend und missgelaunt?
- Tust du es einfach ab, ohne etwas daraus zu lernen?
- Redest du mit anderen darüber und verschwendest deren Zeit?
- Bedauerst du dich selbst und beklagst deine Unzulänglichkeit?
- Beschuldigst du denjenigen, der dich beschuldigt hat?
- Verallgemeinerst und verewigst du das Problem?

Sollte das passieren, hast du das Wissen noch nicht in dein Leben integriert. Du musst an dem Kurs *Die Kunst des Lebens Teil I* noch mindestens sechsmal teilnehmen und alle Wissensbriefe lesen.

Wenn du aber:

- darüber lachst und es nicht weiter beachtest,
- es als nicht geschehen behandelst, es nicht für nötig hältst, darüber zu sprechen oder darauf zu reagieren,
- Meinungen und Anschuldigungen mehr als Unterhaltung ansiehst, wie Wolken, die vorüberziehen,
- nicht bei unangenehmen und negativen Erlebnissen verweilst,
- nicht urteilst und unverändert liebevoll bleibst,
- ruhig in deiner Mitte bleibst, ohne stolz zu sein auf dein Wachstum, dein Wissen,

dann bist du der Stolz deines Lehrers – des Meisters.

Im Flugzeug von Singapur nach Hawaii
12. April 2001

Der Kopf sorgt sich und das Herz fühlt. Die beiden können nicht zur selben Zeit tätig sein. Wenn deine Gefühle überwiegen, schwinden deine Sorgen.

Wenn du sehr besorgt bist, sterben deine Gefühle ab und du wirst ganz kopflastig. Sich ständig sorgen, macht Geist und Herz träge und stumpf. Es raubt dir die Energie und hindert dich daran, klar zu denken. Sorgen sind wie eine Falle - sie halten dich in einem Käfig gefangen. Sorgen sind etwas Ungewisses, weil sie sich um die Zukunft drehen.

Wenn du fühlst, sorgst du dich nicht. Gefühle sind wie Blumen - sie wachsen, blühen und vergehen. Gefühle steigen auf, sie ebben ab und verschwinden wieder. Es bringt Erleichterung, ein Gefühl auszudrücken. Wenn du ärgerlich wirst und deinen Ärger ausdrückst, fühlst du dich sofort besser. Oder wenn du traurig bist und weinst, dann kommst du schnell darüber hinweg. Gefühle sind kurzlebig, sie verschwinden schnell wieder, aber Sorgen nagen viel länger an dir und fressen dich am Ende auf.

Gefühle lassen dich spontan sein. Kinder folgen ihrem Gefühl, deshalb sind sie spontan; aber Erwachsene blockieren ihre Gefühle und fangen an, sich Sorgen zu machen. Sorgen behindern die Tatkraft, während Gefühle sie unterstützen. Es ist jedoch segensreich, sich um negative Gefühle zu sorgen, weil sie dadurch gebremst und nicht ausgelebt werden.

Normalerweise sorgen wir uns nicht um positive Gefühle. Wenn du jedoch meinst, dass deine Gefühle zu stark sind, fängst du manchmal an, dich deshalb zu sorgen.

Deine Sorgen als Opfergabe darbieten ist Gebet und das Gebet bringt dich zu deinen Gefühlen.

Nordamerikanisches Zentrum, Montreal, Kanada
19. Juli 2001

Warum fühlst du dich unbehaglich? Was kannst du dagegen tun?

Wenn du immer im Rampenlicht gestanden hast und plötzlich im Hintergrund stehst, fühlst du dich vielleicht fehl am Platze. Ebenso magst du unruhig und nervös werden, wenn du immer im Hintergrund standest und plötzlich ins Rampenlicht gedrängt wirst. Ähnlich kann ein sehr geschäftiger Mensch, der plötzlich nichts zu tun hat, oder ein bequemer Mensch, der plötzlich Verantwortung übernehmen muss, sich ruhelos fühlen. Du fühlst dich wahrscheinlich fehl am Platze, wenn du Befehlsempfänger warst und dann Befehle erteilen sollst oder auch wenn du gewohnt warst zu befehlen und plötzlich Befehle ausführen sollst. Sich fehl am Platz zu fühlen, kann den gesunden Menschenverstand blockieren und das logische Denken behindern.

Wenn eine Situation nicht vermeidbar ist, ertrage sie. Wenn sie vermeidbar ist, dann gehe ihr aus dem Weg. Wenn du fühlst, dass sie deine Fähigkeiten erweitern kann, dann geh lächelnd durch sie hindurch.

Liebe irgendetwas an einer unbehaglichen Situation. Das wird deinen »Wohlfühlbereich«, den Lebensbereich, in dem du dich wohlfühlen kannst, vergrößern. Wenn dein »Wohlfühlbereich« wächst, kann niemand mehr »deine Knöpfe drücken«. Du bleibst in deiner Mitte, unerschütterlich. Jede unangenehme Situation ist ein Test, wie fest du das Wissen in dein Leben integriert hast.

Neu Delhi, Indien
4. März 2002

Wut hört nicht und sieht nicht,
sie kennt nur blindes Handeln.
Dieses Handeln führt zu Reue und Bedauern.
Bedauern erzeugt Niedergeschlagenheit.
Niedergeschlagenheit trübt das Denkvermögen.
Unvernünftiges Handeln erzeugt Wut,
wodurch der Teufelskreis geschlossen ist.

Nur Selbsterkenntnis und Hingabe können dich aus diesem Teufelskreis befreien.
Wenn Wut und Vergeltung im Feuer des Wissens geopfert werden, erscheint das makellose Selbst. Das ist wahres *Yagya*.

Rishikesh, Indien
6. März 2002

Vielen Menschen fällt es schwer, die Kontrolle aufzugeben. Das macht ihnen Angst, macht sie nervös, unruhig und beeinträchtigt ihre Beziehungen.

Denk einmal nach: Hast du wirklich überhaupt etwas unter Kontrolle? Was hast du unter Kontrolle? Vielleicht einen winzigen Teil deines Wachzustandes. Du hast keine Kontrolle über deinen Schlaf und deine Träume. Du hast keine Kontrolle über Gedanken und Gefühle, die in dir aufsteigen. Du hast vielleicht die Wahl, sie auszudrücken oder nicht, aber sie kommen ohne deine Erlaubnis. Du kannst die meisten deiner Körperfunktionen nicht kontrollieren. Glaubst du etwa, du könntest alle Ereignisse in deinem Leben, in der Welt oder gar im Universum kontrollieren? Das ist doch ein Witz! Wenn du die Dinge so betrachtest, brauchst du überhaupt keine Angst vor Kontrollverlust zu haben, denn du hast gar keine Kontrolle, die du verlieren könntest.

Ob es dir bewusst ist oder nicht: Nur wenn du wirklich entspannt bist, kannst du dein Gefühl, alles im Griff haben zu müssen, aufgeben. Deine Vorstellung, jemand zu sein, lässt dich nicht völlig entspannt sein und begrenzt deine Möglichkeiten.

Europäisches Zentrum, Bad Antogast, Deutschland
27. Dezember 2001

Unglücklich sind, die Weltliches begehren.
Glücklich sind, die das Göttliche begehren.

Unwissend sind, die dich Weltliches begehren lassen.
Weise sind, die dich das Göttliche begehren lassen.

Die Ursache von Konflikten ist die Vorstellung von »mein« und »dein«. Selbsterkenntnis befreit dich von den begrenzten Identifikationen und löst diesen Konflikt. Wenn das Wissen in dir wächst, gibt es auf der ganzen Welt keinen Fremden mehr für dich. Gleichzeitig erkennst du, dass du selbst über deine Nächsten sehr wenig weißt. Du kannst niemanden vollständig verstehen, denn das Leben ist voller Rätsel und Geheimnisse.

Wach auf! Dann lösen sich all diese Unterschiede »mein, dein, sein« in Nichts auf.

Ottawa, Kanada
8. September 2000

Heute ist Krishnas Geburtstag. Krishnas Leben war voller Konflikte und dennoch lächelte und tanzte er ständig. Tanze durch die Konflikte hindurch und trage nach Kräften zum Wohle dieses Planeten bei.

Internationales Zentrum, Bangalore, Indien
5. September 1996

Krieg ist das Schlimmste, das Menschen sich ausdenken.
Jeder Krieg hat seine Gründe und diese Gründe werden stets zur Rechtfertigung des Krieges herangezogen. Die Kriegsstifter finden immer Begründungen. Aber Begründungen sind begrenzt. Sobald sich die Begründungen ändern, fallen die Rechtfertigungen in sich zusammen. Ein beschränkter Geist findet alle möglichen Begründungen, um einen Krieg für einen begrenzten Zeitraum gerechtfertigt erscheinen zu lassen. Deshalb sind Kriege auf diesem Planeten wohl unvermeidbar.

Nur Menschen führen Kriege. Kein anderes Lebewesen in der Schöpfung führt Krieg oder betreibt Massenvernichtung, weil es keinen Grund dazu hat. Tiere töten ihre Beute und lassen alle anderen Tiere leben. Aber Menschen haben seit Urzeiten Kriege geführt, weil logische Begründungen die Grundlage aller menschlichen Handlungen sind. Der Mensch begründet alles, was er tut, und rechtfertigt sich damit. Aber wenn sich die Begründungen ändern, fallen seine Rechtfertigungen in sich zusammen.

Der Mensch muss jenseits der Begründungen gehen – nur dann kann er das Göttliche erkennen und wird keine Kriege mehr führen. Nur wenn die Menschen empfindsamer werden, über den Hass hinauswachsen und ein höheres Bewusstsein erreichen, können Kriege vermieden werden.

Kalkutta, Indien
20. September 2001

Eine Handlung, die nur destruktiv ist und Leid über die Opfer und Verursacher bringt, ist Terrorismus. Terrorismus ist nur zerstörerisch. Durch solch ein Handeln gehen alle menschlichen Werte verloren, einzig um ein bestimmtes Ziel um jeden Preis zu erreichen.

Einige der Ursachen, die den Terrorismus begünstigen, sind Gefühlsverwirrungen, kurzsichtiges und unüberlegtes Handeln sowie Frustration und Verzweiflung, weil bestimmte Ziele nicht erreicht wurden. Eine weitere Ursache liegt in nicht nachvollziehbaren Vorstellungen von Verdiensten, die im Himmel belohnt werden, einer kindlichen Vorstellung von einem Gott, der einigen zürnt und andere begünstigt, wobei Gottes Allwissenheit und Allmacht übersehen werden.

Terrorismus ruft bei jedermann schreckliche Angst hervor, vergrößert die Armut und das Leid. Menschenleben gehen verloren, gewonnen wird augenscheinlich nichts. Der Terrorist setzt auf Zerstörung anstatt auf Lösungen, die die Lebensbedingungen verbessern. Wenn du Kritik übst, ohne einen Lösungsvorschlag zu haben, mache dir bewusst, dass dies aus dem Samenkorn des Terrorismus in dir kommt.

Obwohl Terroristen bestimmte Eigenschaften haben, die durchaus positiv sind, wie Furchtlosigkeit, innere Verpflichtung und Opferbereitschaft für ein Ziel, solltest du von ihnen lernen, dass es Dinge gibt, die du nie tun solltest – Ideen und Vorstellungen höher zu bewerten als das Leben, eine engstirnige Lebenseinstellung zu haben und der Vielfalt des Lebens zu schaden.

Das sind die Gegenmittel gegen Terrorismus:

- Eröffne dir eine breitere Lebensperspektive.

- Bewerte das Leben höher als Hautfarbe, Religion und Staatsangehörigkeit.

- Vermittele menschliche Werte: Freundlichkeit, Mitgefühl, Zusammenarbeit und gegenseitige Unterstützung.

- Lehre Techniken zum Abbau von Stress und Spannungen.

- Stärke die Zuversicht, hochgesteckte Ziele mit friedlichen, gewaltfreien Mitteln erreichen zu können.

- Beseitige zerstörerische Tendenzen durch spirituelles Wachstum.

Frage: Kann Terrorismus auch über körperliche Gewalt hinausgehen, zum Beispiel in Form von kulturellem oder wirtschaftlichem Terrorismus?

Ja. Die Lösung bei wirtschaftlicher Gewalt ist: »Denke global, kaufe lokal.« Bei kultureller Gewalt gilt: »Erweitere deinen Blickwinkel, stärke deine Wurzeln.«

Frage: Wie kommt man mit den Folgen des Terrorismus zurecht?

Glaube und Gebet. Natürlich wirst du wütend, wenn sich eine solche Katastrophe ereignet. Damit du nicht unangemessen reagierst, brauchst du Weisheit und keine Gefühlsausbrüche. Ein Fehler kann nicht durch einen anderen korrigiert werden.

Bemühe dich, multikulturelle und multireligiöse Erziehung sowie spirituelles Wachstum in allen Teilen dieser Welt zu fördern. Diese Welt wird nicht sicher sein, solange auch nur einige wenige Menschen in Unwissenheit bleiben.

Europäisches Zentrum, Bad Antogast, Deutschland
28. September 2001

Gewalt und Gewaltlosigkeit sind nicht an bestimmten Handlungen zu erkennen, sondern an der Absicht, die dahinter steht. Die Ursachen der Gewalt sind Wut, Begierde, Hass, Eifersucht, Gier, Frustration und Aggressivität.

Der Chirurg schneidet den Bauch eines Menschen auf, das Gleiche tut ein Verbrecher. Die Handlung ist ähnlich, aber der Chirurg hat die Absicht, Leben zu bewahren, während der Verbrecher es auslöschen will. Gewalt oder Gewaltlosigkeit – das ist eine Frage der inneren Haltung, nicht der Handlung selbst.

Selbst ein Krieg kann gewaltlos sein, wenn er frei von Wut, Hass, Eifersucht oder Gier ist; wenn er in der Absicht geführt wird, diejenigen zu erziehen, die auf keine andere Weise zu erziehen sind. Selbst gemeinnützige Hilfe kann eine Gewalttat sein, wenn sie den Menschen das Selbstwertgefühl raubt und Abhängigkeiten schafft. Ein Krieg kann eine Handlung des Mitgefühls sein, wenn er dabei hilft, dass sich die richtige Sichtweise durchsetzt.

Internationales Zentrum, Bangalore, Indien
11. Oktober 2001

Heute ist *Dīpāwalī*, das Fest der Lichter. Es gibt viele Geschichten, die sich um diesen Tag ranken. An diesem Tag wurde der Dämon Narakasura getötet. König Narakasura - Naraka bedeutet »Hölle« - war geweissagt worden, dass er nur von einer Frau vernichtet werden könne. Krishnas Frau, Satyabhama, war die Frau, die ihn vernichtete.

Warum konnte nur Satyabhama Naraka töten? Satya bedeutet »Wahrheit« und Bhama bedeutet »Geliebte«. Falschheit oder Mangel an Liebe kann die Hölle nicht überwinden. Sie kann nicht durch Aggression beseitigt werden. Die Hölle kann nur durch Liebe und Ergebenheit vernichtet werden. Gewaltlosigkeit, Liebe und Ergebenheit sind die einer Frau innewohnenden Eigenschaften. Deshalb konnte nur Satyabhama, die wahre Geliebte, die Hölle auslöschen und das Licht zurückbringen. Und der letzte Wunsch Narakasuras war es, dass in jedem Haus sein Niedergang mit Lichtern gefeiert werden solle, um das Ende der Dunkelheit anzuzeigen. Das ist *Dīpāwalī*.

Ebenfalls am heutigen Tag jährt sich die Rückkehr von Rama nach Ayodhya, seinem Königreich, nach seinem Sieg über Ravana, den dämonischen König. Ayodhya bedeutet »das was nicht zerstört werden kann« oder »Leben«. Ram bedeutet »Atma« - »das Selbst«. Wenn das Selbst im Leben regiert, dann wird Wissen entfacht. Es gibt überall Leben. Aber wenn der Geist erwacht im Leben, geschieht *Dīpāwalī*.

Internationales Zentrum, Bangalore, Indien
26. Oktober 2000

Die Unfähigkeit zu Freude oder Traurigkeit ist Dumpfheit.

- Freude und Trauer zu empfinden, sind Merkmale von Bewusstsein.
- Mit seiner eigenen Freude glücklich und mit seinem eigenen Kummer traurig zu sein, ist die Eigenschaft von Tieren.
- Glücklich zu sein über die Freude anderer und traurig zu sein über den Kummer anderer, ist ein menschlicher Wesenszug.
- Wenn Kummer anderer Menschen dich traurig macht, wirst du nie selbst Kummer haben.
- Wenn du glücklich bist über die Freude anderer Menschen, wird die Freude dich nie verlassen.
- Zu erkennen, dass Freude Leid enthält, ist ein Zeichen von Leidenschaftslosigkeit.
- Zu erkennen, dass Freude und Traurigkeit nur Techniken sind, ist ein Zeichen des Weisen.
- Kummer als reine Illusion anzusehen, ist göttlich.
- Über Freude und Kummer hinauszuwachsen und stets im Selbst zu ruhen, ist Vollkommenheit.

Swami Sharananada sagte: »Bete um die Kraft, in Freude zu dienen und zu opfern, wenn du Kummer hast.«

Internationales Zentrum, Bangalore, Indien
31. Mai 2001

Die allerbeste Lösung für ein Problem besteht darin, gar kein Problem zu haben. Die zweitbeste Lösung ist, das Problem bereitwillig anzunehmen und als Herausforderung anzusehen. Die drittbeste Lösung liegt in der Erkenntnis, dass das Problem nur ein Gespenst unter dem Bett ist – es existiert nicht wirklich.

Die endgültige Lösung ist das Wissen, dass die Natur dir die Lösung liefert, noch bevor sie dich vor ein Problem stellt. Zuerst trafst du mich und dann hattest du ein Problem. Im Winter gibt es keine Bakterien, weil im Winter keine Heilkräuter wachsen. Im Frühling wachsen erst die Kräuter, dann kommen die Bazillen. Bevor die Sommersonne brennt, haben die Bäume schon ihr volles Laub, um dir Schatten zu spenden. Du siehst, die Natur sorgt gut für dich.

Frage: Was tun, wenn Sehnsucht ein Problem ist?

Sehnsucht lässt dich reifen. Löse nicht alle deine Probleme! Behalte immer wenigstens eins. Du brauchst etwas, worauf du herumkauen kannst – und das Leben geht weiter.

Europäisches Zentrum, Bad Antogast, Deutschland
24. August 2000

Immer wenn du ein Problem hast, verleugnest du es, sagst, es gibt kein Problem oder du setzt dich hin, um es zu lösen und machst eine große Affäre daraus. Beides hilft nicht. Ein Problem verschwindet nicht dadurch, dass du seine Existenz leugnest. Und es wird nicht dadurch gelöst, dass du dich hinsetzt, um es zu lösen.

Du kannst ein Problem in fünf Schritten lösen:

- Gib zu, dass es existiert.
- Betrachte es als kleines Problem und nicht als ein großes Ding.
- Wenn es andere Menschen betrifft, bleib mit ihnen in Kontakt, anstatt sie zu meiden.
- Rede wenig darüber, lass die Zeit für dich arbeiten.
- Triff dich mit anderen und feiere. Währenddessen schiebe das Problem beiseite und lass es auf kleiner Flamme köcheln. Du wirst sehen, es wird rechtzeitig gelöst sein.

Es ist also klug, sich nicht hinzusetzen, um ein Problem zu lösen. Viele Sitzungen zur Problemlösung enden in einem Desaster. Wenn du kein Problem hast, wirst du eins schaffen oder selbst zu einem werden. Ein kleines Problem, das du mit dir herumträgst, gibt deinem Geist einen Fokus.

Es ist besser ein Problem zu haben, als ein Problem zu sein.

Europäisches Zentrum, Bad Antogast, Deutschland
23. November 2000

Von Zeit zu Zeit bebt die Erde. Dieses Beben weckt die Menschen auf, die schlummern, die nicht nur die Natur missbrauchen, sondern ihr Vertrauen auf Steine und Mörtel setzen. Deine wahre Sicherheit aber ist das Selbst, nicht Steine und Mörtel. Vielleicht ist es das, was dir die Natur vermitteln will. Erdbeben, Überschwemmungen und Vulkanausbrüche führen dir vor Augen, dass alles auf dieser Welt vergänglich ist und dass du in dieser Vergänglichkeit keine Sicherheit finden kannst. Katastrophen schockieren dich und wecken dich auf.

Wenn sich solche Unglücke ereignen, versuchen wir ihre Ursachen zu erforschen, damit wir jemandem die Schuld geben können. Seltsamerweise fühlst du dich wohler, wenn du jemanden findest, dem du die Schuld geben kannst. Aber bei Naturkatastrophen kannst du keinen Schuldigen finden. Sie treffen dich wie ein Schock. Wenn du weise bist, kann dich ein solcher Schock sprunghaft wachsen lassen. Ohne Weisheit führt der Schock dich nur in Negativität und Niedergeschlagenheit.

Frage: Warum tötet die Natur kleine unschuldige Kinder?

Die Natur tut ihre Arbeit. Sie unterscheidet dabei nicht zwischen Alt und Jung. Glaubst du, dass alle, die Bambussprossen oder Eier essen oder Blumenknospen pflücken, gefühllos sind? Vielleicht, vielleicht auch nicht.

Anstatt die Natur in Frage zu stellen, mach lieber die Augen auf und sieh die Möglichkeit *Seva* zu leisten oder ehrenamtlich zu arbeiten. Sieh, was zurzeit in Gujarat geschieht: Hunderte und Tausende von Menschen helfen und arbeiten freiwillig und unentgeltlich – das würde ansonsten nicht geschehen. Gujarat wird neu aufgebaut, was ohne das Erdbeben niemals passieren würde. Durch die Naturkatastrophe ist eine Trinkwasserquelle entstanden, in einer Region, die von Austrocknung bedroht war.

Es ist weise, die Erde als deinen Schatz anzusehen. Was auch geschehen mag, sie ist dir teuer. Sieh immer das Gute, das von ihr kommt.

Von den fünf Elementen geraten vier, nicht jedoch das fünfte Element, der Raum, von Zeit zu Zeit in Aufruhr. Wenn du dich auf sie verlässt, erschüttern sie dich und führen dich wieder zurück zum Raum.

In diesem inneren Raum Sicherheit zu finden, ist Spiritualität.

Internationales Zentrum, Bangalore, Indien
14. Februar 2001

Die wahre Ursache all deiner Probleme und deines Leidens ist, dass du vergessen hast, was dein wahres Wesen ist. Die Erinnerung an dein wahres Wesen, die innere Göttlichkeit, macht dich frei. Hier ist dein Gedächtnis dein bester Freund. Der Sinn des Wissens liegt darin, dich an dein wahres Wesen zu erinnern. In der *Bhagavadgītā* sagt Arjuna zu Krishna: »Mein Gedächtnis ist zurückgekehrt. Jetzt habe ich wieder mein wahres Wesen erkannt. Ich werde tun, was du sagst.«

Das Gedächtnis ist ein Segen, ist dein bester Freund, wenn es dir hilft, dein wahres Wesen zu erkennen. Das Gedächtnis ist ein Hindernis, wenn es dir nicht ermöglicht, frei von den Einflüssen von Ereignissen zu sein, ob erfreuliche oder unerfreuliche. Erfreuliche Ereignisse erzeugen Verlangen und Konkurrenzdenken in dir, sie hindern dich daran, Neues unvoreingenommen zu erleben. Unerfreuliche Ereignisse beeinflussen die Wahrnehmung, können zu krankhaftem Misstrauen führen. Daher ist das Gedächtnis sowohl ein Segen als auch ein Hindernis, je nachdem, ob du dich an dein wahres Wesen erinnerst oder in den Ereignissen in Raum und Zeit stecken bleibst.

Europäisches Zentrum, Bad Antogast, Deutschland
4. Januar 2002

Das Ego ist ein Hindernis für einen Führer, einen weisen Mann, einen Kaufmann oder einen Diener. Aber Krieger oder Wettkämpfer brauchen ihr Ego.

Ein Krieger stellt sich Herausforderungen, übernimmt Verpflichtungen und steht dazu.

Das Ego bringt dich dazu, dich für ein Ziel zu opfern. Das Ego gibt Mut, Kraft und die Tapferkeit, Herausforderungen mit Beharrlichkeit und Durchhaltevermögen zu begegnen. Ein starkes Ego verhindert Depressionen. Das Ego wird oft als selbstsüchtig angesehen, aber es ist der größte Ansporn für Kreativität und Großzügigkeit. Es treibt dich dazu, dich in unbekannte Regionen vorzuwagen.

Es gibt drei verschiedene Arten von Ego, das *sattvische, rajasische* und das *tamasische* Ego.

- Das *tamasische* Ego ist barbarisch, blind und selbstzerstörerisch.
- Das *rajasische* Ego ist selbstsüchtig und bringt Leid über sich selbst und andere.
- Das *sattvische* Ego ist kreativ und behütend.

Wenn du nicht zur Hingabe fähig bist, solltest du wenigstens ein *sattvisches* Ego haben, denn das ist immer bereit, sich zu opfern.

Rishikesh, Indien
8. März 2001

Was beunruhigt dich wirklich? Ist es die Dummheit um dich herum?

Es ist dumm, sich von Dummheit beunruhigen zu lassen. Dummheit kann die Weisheit weder besiegen oder gar vernichten, noch hält die Dummheit lange an. Wenn du nicht fest in der Weisheit verankert bist, dann beunruhigt dich Dummheit, bringt dich Dummheit aus dem Gleichgewicht. Lass Raum für Dummheit, dann wird sie dich nicht stören, dann kannst du darüber lachen und ruhig weitergehen. Ansonsten steigt Hass auf, du wirst ärgerlich oder die törichten Handlungen belasten dich.

Wenn du weißt, dass die Wahrheit ewig und unbesiegbar ist, kannst du Dummheit als einen Witz ansehen und bleibst davon unberührt. Wer etwas gegen Dummheit hat oder sich davon irritieren lässt, ist selber Mitglied im Klub der Dummen.

Austin, Texas, USA
11. Januar 2002

Eine Frau beklagte sich bei Sri Sri Ravi Shankar darüber, dass ihr Mann sie belüge.
Sie war sehr aufgeregt.

Sri Sri entgegnete ihr: »Warum belügt dein Mann dich wohl? Er lügt, weil er dich liebt und weil er Angst hat, deine Liebe zu verlieren oder dich zu verletzen. Wenn er dich nicht liebte, würde er dich nicht belügen.«

New York City, USA
29. August 2000

enke einmal darüber nach, warum du mit jemandem Freundschaft schließt.

Es gibt eine Reihe von Gründen dafür:

- Ihr habt gemeinsame Feinde. Angst und Bedrohung lassen Menschen näher zusammenrücken.
- Ihr habt gemeinsame Probleme wie Krankheit oder Unzufriedenheit im Beruf.
- Ihr habt gemeinsame berufliche Interessen.
- Ihr habt denselben Geschmack, gemeinsame Interessen wie Sport, Kinofilme, Musik oder Hobbys.
- Du hast Mitgefühl oder hilfst in irgendeiner Form.
- Ihr seid Freunde geworden, weil ihr euch schon so lange kennt.

Mutig sind diejenigen, die Freundschaften nur um der Freundschaft willen pflegen. Solche Freundschaften enden nie, werden nie getrübt, denn sie sind aus einer freundlichen Natur heraus entstanden. Und nur durch Weisheit kannst du von Natur aus freundlich sein.

Jakarta, Indonesien
23. Mai 2002

Es gibt zwei Arten von Respekt. Menschen respektieren dich wegen deiner gesellschaftlichen Position, deiner Berühmtheit oder deines Reichtums. Diese Art von Respekt ist vergänglich, sie schwindet, sobald du Reichtum oder Status verlierst. Oder du wirst respektiert wegen deines Lächelns und wegen deiner Tugenden wie Ehrlichkeit, Freundlichkeit, Pflichtgefühl oder Geduld. Diesen Respekt kann dir niemand nehmen.

Je weniger du deine Tugenden in den Vordergrund stellst, desto größer wird dein Selbstwertgefühl. Wenn du großen Wert auf deine Tugenden legst, verachtest du andere und deine Tugenden schwinden. Nichtanhaftung an Tugenden führt zur größten Selbstachtung.

Ego wird oft mit Selbstwertgefühl verwechselt. Das Ego braucht andere zum Vergleich, aber Selbstwertgefühl ist einfach Vertrauen in sich selbst. Ein Mensch, der einfach nur feststellt, dass er sich gut in Mathematik oder Geographie auskennt, hat Selbstwertgefühl. Das Ego hingegen sagt: »Ich weiß es besser als du.«

Ego bedeutet einfach mangelnden Respekt vor dem Selbst. Dein Ego wird dich oft traurig machen, aber wenn du ein gesundes Selbstwertgefühl hast, können dich äußere Einflüsse nicht erschüttern. Hast du Selbstachtung, dann ist alles ein Spiel, es hat keine Bedeutung, ob du gewinnst oder verlierst, jeder Schritt ist Freude und jede Bewegung ist eine Feier. Selbstwertgefühl lässt dich einfach erkennen, dass du es besitzt.

Internationales Zentrum, Bangalore, Indien
16. Dezember 2001

Ein Gefühl von Zusammengehörigkeit kann eine Menge negativer Verhaltensweisen mit sich bringen: Ansprüche, Eifersucht, Mangel an Achtsamkeit, und Undankbarkeit.

Schau dich nur selbst an. Du bist netter zu Fremden, dankbarer und schenkst ihnen mehr Aufmerksamkeit als den Menschen, denen du dich verbunden fühlst. Das Gefühl von Zusammengehörigkeit mindert Dankbarkeit und Achtsamkeit und steigert die Ansprüche, die zerstörerisch sind für die Liebe. Das ist das größte Problem in Beziehungen. Mit dem Gefühl der Zusammengehörigkeit kommt ein Gefühl von Sorglosigkeit und Gleichgültigkeit.

Schau ... das Gefühl der Verbundenheit kann dich unsensibel und stumpfsinnig machen, es kann dein Leben reizlos machen. Überhaupt – wer gehört schon zu wem auf dieser Welt? Du bist hier fremd und jeder ist ein Fremder für dich. Gesegnet sind, die fühlen, dass sie Fremde sind.

Du fühlst dich einem Fremden gegenüber stärker verpflichtet als einem Menschen, der dir sehr nahe steht. Sich verpflichtet zu fühlen macht bescheiden, hält das Ego in Schach. Es gibt kein stärkeres Gegenmittel gegen das Ego als Demut. Demut ist der Anfang aller Tugenden.

Viele Menschen haben großen Widerstand gegen Verpflichtungen. Es ist ihnen nicht klar, dass sie immer Verpflichtungen unterliegen, ob sie nun geben oder nehmen. Dumme Leute glauben, sie seien nur zu Dank verpflichtet, wenn ihnen etwas gegeben wird. Weise Menschen wissen, dass sie selbst, wenn sie geben, zu Dank verpflichtet sind, weil ihr Geschenk angenommen wurde. Du bist also immer zu etwas verpflichtet, ob du nun gibst oder nimmst. Selbst die, die weder geben noch nehmen, sind dennoch verpflichtet, weil sie dich von ersichtlichen Verpflichtungen befreien – du bist sogar denen gegenüber verpflichtet, die dich zu nichts verpflichten.

Das Leben – du – erneuert sich ständig selbst, indem du in dieser alten und bekannten Welt zu einem Fremden wirst. Du bist einfach beladen mit Verpflichtungen und du bist in jedem Augenblick ein völlig Fremder in dieser Welt.

Sao Paulo, Brasilien
25. April 2001

Ein Zusammentreffen der beiden Charaktereigenschaften Selbstvertrauen und Bescheidenheit kommt nur sehr selten vor. Selbstbewusste Menschen sind oft nicht bescheiden und bescheidene Menschen oft nicht selbstbewusst. Vertrauen gepaart mit Bescheidenheit – das wird von allen sehr geschätzt.

Frage: Wie kann sich Selbstvertrauen in einem bescheidenen Menschen entwickeln und Bescheidenheit in einem Menschen voll Selbstvertrauen?

Erstens: Sieh dein Leben in einem größeren Maßstab von Zeit und Raum, und du wirst bescheiden, weil du siehst, wie unbedeutend dein Leben ist.

Zweitens: Die Bescheidenen müssen erkennen, dass sie einzigartig und von Gott geliebt sind. Das stärkt das Selbstvertrauen und wenn du erkennst, wie unbedeutend du bist, bringt das auch Selbstvertrauen.

Drittens: Einen Guru zu haben stärkt dein Selbstvertrauen und kultiviert gleichzeitig deine Bescheidenheit. Wenn du einen Guru hast, kannst du nicht arrogant sein. Er nimmt dir die Schwäche, die in der Bescheidenheit liegt, und die Arroganz, die im Selbstbewusstsein liegt und dir bleibt Vertrauen und Bescheidenheit.

Rishikesh, Indien
29. November 2001

Humor ist der Puffer, der dich vor Erniedrigung schützt. Wenn du einen ausgeprägten Sinn für Humor hast, kann dich niemand erniedrigen, und wenn du dich weigerst, dich erniedrigen zu lassen, bist du unbesiegbar. Humor bringt die Menschen näher zusammen, während Erniedrigung sie auseinander treibt. In einer Gesellschaft, geprägt von Erniedrigungen und Beleidigungen, ist Humor wie ein frischer Luftzug. Ein guter Sinn für Humor befreit von Furcht und Ängstlichkeit.

Humor sollte mit Wohlwollen und Einfühlungsvermögen gepaart sein. Humor ohne menschliche Wärme, ohne Fürsorge oder angemessene Hilfe kann Menschen verletzen, die mit ernsthaften Problemen zu dir kommen.

Humor hält bei guter Laune, aber wenn man es übertreibt, hinterlässt er einen bitteren Nachgeschmack. Humor gepaart mit Weisheit schafft eine Atmosphäre des Feierns. Humor ohne Weisheit ist oberflächlich. Humor ohne Feinfühligkeit ist Satire und kommt als Bumerang zu dir zurück. Weise Menschen nutzen ihren Humor, um Weisheit zu vermitteln und jede Lebenslage zu erleichtern.

Intelligente Menschen nutzen ihren Humor als einen Schutzschild gegen Erniedrigung. Grausame Menschen benutzen ihn als Schwert, um andere zu verletzen. Verantwortungslose benutzen ihn, um sich vor Verantwortung zu drücken. Dummköpfe nehmen Humor allzu ernst. Humor ist spontan; sich anzustrengen, um humorvoll zu sein, ist sinnlos.

Frage: Wie kann man einen Sinn für Humor entwickeln?

Humor besteht nicht nur aus Worten, Humor ist die Leichtigkeit deines Seins. Du kannst deinen Sinn für Humor auf vielerlei Arten kultivieren:

- Freundlich und heiter zu sein, lässt wahren Humor entstehen, nicht das Lesen oder Erzählen von Witzen.
- Nimm das Leben nicht allzu ernst. Du wirst sowieso nicht lebend hier herauskommen.
- Fühle dich allen Menschen zugehörig, auch den unfreundlichen.
- Praktiziere Yoga und Meditation.
- Habe ein unerschütterliches Vertrauen in das Göttliche und in die Gesetze des Karmas.
- Suche die Gesellschaft von Menschen, die weise und humorvoll sind.
- Sei bereit, ein Clown zu sein.

Internationales Zentrum, Bangalore, Indien
15. Februar 2002

Wie würdest du dich gerne selbst sehen? Glücklich und sprühend vor Begeisterung oder dumpf und schwer zufriedenzustellen?

Manchmal möchtest du umschmeichelt, beruhigt oder aufgeheitert werden. Dann machst du ein ernstes, besorgtes Gesicht, spielst den Schwierigen. Es ist jedoch für einen einzelnen Menschen sehr ermüdend, ständig zehn andere umschmeicheln und aufheitern zu müssen. Menschen, die immer lange Gesichter machen und erwarten, von anderen umworben und aufgeheitert zu werden, vergraulen letztlich die anderen. Das kommt bei Verliebten oft vor. Sie verschwenden viel Energie mit Bitten und Betteln und mindern dabei die Freude und das Glück des Augenblicks.

Es ist schon in Ordnung, gelegentlich zu zeigen, wenn du aus der Fassung geraten bist. Aber es immer wieder zu zeigen, ist belastend für dich selbst und die Menschen, die du liebst.

Wenn du dich schlecht fühlst, tue dir selbst etwas Gutes – erwarte es nicht von anderen. Dein Bedürfnis von anderen besänftigt zu werden, ist ein Zeichen von Plumpheit und Ungeschliffenheit. Das ist die Wurzel der Unwissenheit. Wenn du Aufmerksamkeit auf dich ziehen willst, erzeugst du nur Anspannung und Stress.

Es ist nicht möglich, göttliche Liebe zu erreichen, wenn du dich ständig beklagst. Klagen ist ein Ausdruck eines unbewussten Geistes. Wenn du klagen willst – beklage dich bei Gott oder bei deinem Guru, weil beide sich die Ohren zuhalten.

Werde ein Mensch, dessen Begeisterung nie vergeht, was auch immer kommen mag.

Internationales Zentrum, Bangalore, Indien
21. September 2000

Was du verehrst, das wird größer als du selbst. Wenn Wertschätzung in all deinen Beziehungen vorhanden ist, erweitert sich dein eigenes Bewusstsein. Dann werden selbst kleine Dinge groß und bedeutsam. Jedes kleine Geschöpf wird würdevoll. Es ist die gegenseitige Wertschätzung, die eine Beziehung schützt.

Wenn du das ganze Universum verehrst, bist du in Harmonie mit dem ganzen Universum. Dann musst du nichts ablehnen, auf nichts verzichten.

Du hast oft keine Verehrung für das, was du besitzt. Der Verlust von Verehrung erfolgt ganz unbewusst. Deine Wertschätzung für das, was du besitzt, macht dich frei von Gier, Eifersucht und Lust. Kultiviere deine Fähigkeit, in jedem Augenblick deines Lebens voller Verehrung zu sein.

Internationales Zentrum, Bangalore, Indien
24. September 2001

Verehrung ist ein Zeichen von Großherzigkeit des Verehrenden, nicht so sehr des Verehrten. Verehrung zeigt, dass das Ego durchlässig geworden ist. Verehrung ist das beste Gegenmittel für das Ego.

Verehrung wirkt auf dreifache Weise. Für eine egoistische Person ist Verehrung für jemand anderen nicht akzeptabel. Wenn du verehrt wirst, wird dein Ego aufgebläht. Aber wenn du jemanden verehrst, löst sich dein Ego auf und du wirst großmütig.

Sich Verehrung zu wünschen, ist ein Zeichen von Unreife. Abneigung gegen Verehrung ist kleingeistig. Ein Mangel an Verehrung im Leben führt zu Nüchternheit und Langeweile.

Ein gesunder Geist liebt es, andere zu verehren und emporzuheben. Ein ungesunder Geist versucht, alles herunterzuziehen.

Verehrung ist ein Anzeichen von Vertrauen, Begeisterungsfähigkeit und Reichtum einer Kultur. Das Fehlen von Verehrung zeigt, dass diese Gesellschaft selbstsüchtig, kleingeistig, verängstigt und kulturell verarmt ist.

Verehrung bringt jemanden mit Größe nie ins Schwanken. Bleibt ein Mensch von jeglicher Verehrung unberührt, ist das ein Beweis seiner Größe. Großherzig andere zu verehren und selbst gegenüber Verehrung gleichgültig zu sein, das ist die Art der Weisen.

Internationales Zentrum, Bangalore, Indien
15. November 2001

Jede Flamme braucht über sich einen Raum, in den sie sich ausdehnen kann. Ebenso braucht der Mensch ein Ideal – etwas, das er lieben und anbeten kann –, um in seinem Leben wachsen zu können. In Verehrung kommen Liebe, Ehre, Respekt und ein Gefühl der Verbundenheit zusammen. Aber ohne ein Gefühl der Verbundenheit kann Verehrung oder Idealisierung zur Minderung des Selbstwertgefühls führen. Unsere Vorfahren wussten das und legten Wert darauf, dass jeder eine Verbindung zu dem empfinden konnte, was er verehrte. So wurden die Menschen ermutigt, Sonne, Mond, Berge, Pflanzen, Tiere und andere Menschen zu verehren.

Verehrung ist der Höhepunkt der Liebe und der Wertschätzung. Sie schützt die Liebe davor, zu Hass oder Eifersucht zu werden, und schützt die Wertschätzung davor, das Selbstwertgefühl zu mindern. Du wirst voller Negativität sein, wenn du nichts im Leben verehrst und achtest. Ein Mensch, der nichts hat, das er anbeten und verehren kann, wird ganz sicher depressiv werden.

Ein Mangel an Verehrung hat zu vielen psychischen und sozialen Problemen in der Gesellschaft geführt. Wenn nichts im Leben heilig ist, kommt es zwangsläufig zu Selbstsucht, Arroganz und Gewalttätigkeit. Sich gegenseitig zu ehren und anzuerkennen vermindert Stress und fördert Mitgefühl und Liebe.

Im vorigen Jahrhundert wurde Verehrung oft als unzivilisiert und wenig intelligent betrachtet und als Zeichen einer unterwürfigen Geisteshaltung angesehen. Das Gegenteil ist richtig. Verehrung kann nur aus Dankbarkeit geschehen und nicht aus Unterwürfigkeit.

Verehrung im wahren Sinne ist ein Zeichen von Reife und nicht etwa von Schwäche.

Frage: Verehrung ist der Höhepunkt der Liebe. Hat Verehrung selbst auch einen Höhepunkt?

Der Höhepunkt der Verehrung ist Selbsterkenntnis, *Samādhi*.

Europäisches Zentrum, Bad Antogast, Deutschland
18. Januar 2001

Das Göttliche ist nicht manifest. Der Mensch jedoch hat von Geburt an das Verlangen, Gott in der manifestierten Schöpfung um sich herum wahrzunehmen. Deshalb erschafft der Mensch Idole, gibt sein ganzes Vertrauen in sie und bittet das Göttliche, für einige Zeit dort zu verweilen, damit er es anbeten und verehren, seine Liebe ausdrücken, mit dem Göttlichen spielen kann. Am Ende dieses Rituals bittet er das Göttliche, in sein Herz zurückzukehren, von wo aus es sich manifestiert hat. So geschieht es in jeder *Pūjā*.

Die Menschen beten die Idole nicht wirklich an, sondern die unmanifestierte Göttlichkeit, die alle göttlichen Eigenschaften besitzt. Deshalb sind die Menschen im Osten, die vor Idolen beten, nicht die Götzendiener, die in der Bibel beschrieben wurden. Denn sie verehren nicht verschiedene Götter und verschiedene Götzenbilder – nein, sie verehren den einen Gott in vielen verschiedenen Formen.

Heidentum, Satanismus oder Götzendienst an Tieren ohne die Kenntnis der einen Göttlichkeit, ist etwas völlig anderes als das Erkennen des Göttlichen in jedem Teil der manifestierten Schöpfung. In der östlichen Tradition sind Götter und Göttinnen Teil der einen Göttlichkeit – so wie die verschiedenen Farben Teil des Sonnenlichtes sind –, während in der griechischen Tradition Götter und Göttinnen jeweils unterschiedliche und eigenständige Personen sind.

Satan und andere Wesenheiten zu verehren, ist etwas ganz anderes als die Verehrung des Göttlichen in seinen verschiedenen Formen, die alle Ausdruck des einen Göttlichen sind.

Wenn du die verschiedenen Formen verehrst, betest du in Wirklichkeit zum Göttlichen hinter all diesen Formen.

Mit diesem Wissen wird die eigentliche Handlung des Verehrens, das eher ein inneres Phänomen ist, lebhafter und farbiger und bringt zum Ausdruck, dass das Göttliche sowohl Form hat als auch formlos ist.

Rishikesh, Indien
22. März 2001

Einen Dummkopf zu loben dient dem Wohl der Gesellschaft!

Ein zufriedener Dummkopf hört vielleicht auf, Schaden anzurichten, und fängt an, etwas Nützliches zu tun. In diesem Sinn ist es weise, einen Dummkopf zu loben; es hilft, ihn zu motivieren. Deshalb ist dein Lob bedeutsam, wenn es sich an einen Dummkopf richtet.

Ein weiser Mensch wird von sich aus beständig gute Arbeit leisten, weil seine Haltung nicht von Lob oder Tadel anderer Menschen abhängt. Also ist es zwecklos, einen weisen Menschen zu loben, weil dein Lob bei ihm keine Wirkung zeigt.

Es gibt drei Arten von Menschen – die weisen, die betrügerischen und die unreifen.

Der weise Mensch macht gute Arbeit, unbeeinflusst von Lob oder Tadel. Der Betrüger muss gelobt werden, um ihn auf den rechten Weg zu bringen. Und unreife Menschen müssen von Zeit zu Zeit sowohl gelobt als auch getadelt werden, damit sie gute Arbeit leisten.

Rishikesh, Indien
22. März 2002

Wenn du auf dem spirituellen Weg bist, musst du niemandem gegenüber dankbar sein oder dich verpflichtet fühlen. In der *Bhagavadgītā* sagt Krishna: »*Na abhinandati na dveshthi* (Derjenige ist mir teuer, der weder ständig anderen dankt noch irgendjemanden hasst).«

Danken und Sich-verpflichtet-Fühlen zeigt, dass du an die Existenz eines Anderen glaubst und nicht an das Göttliche, das alles regiert. Wenn du dich verpflichtet fühlst, erkennst du die Prinzipien des *Karmas* und den göttlichen Plan nicht an.

Schätze die Menschen dafür, wie sie sind. Danke ihnen nicht für das, was sie tun. Sonst dreht sich deine Dankbarkeit um das Ego. Sei dankbar, aber nicht für eine bestimmte Handlung. Sei dankbar für das, was ist.

Da jeder Einzelne nur eine Marionette des Einen ist, ist es ein Zeichen von Unwissenheit, jemandem zu danken oder sich verpflichtet zu fühlen. Alles wird geregelt, kontrolliert erschaffen, beherrscht und geleitet von der einen Gottheit. Dieses Bewusstsein muss in jeder deiner Handlungen sichtbar werden. Du musst keine Show daraus machen.

Frage: Guruji, wir sind dir so dankbar, was sollen wir tun?
Wenn du ein Gefühl der Zusammengehörigkeit zu allem hast, wird Dankbarkeit frei von Verpflichtung. Solch eine Dankbarkeit gilt nur dem Göttlichen und diese Dankbarkeit gibt dir Kraft.

Agra, Indien
16. September 2000

Authentizität und Geschicklichkeit scheinen Gegensätze zu sein, aber tatsächlich ergänzen sie einander. Deine Absichten müssen klar und deine Art zu handeln muss geschickt sein. Je authentischer deine Absicht ist, umso geschickter wird dein Handeln sein. Authentische Absichten und geschicktes Handeln machen dich unerschütterlich.

Geschicklichkeit ist nur vonnöten, wenn Authentizität nicht zum Ziel führt. Doch macht dich Geschicklichkeit ohne Authentizität oberflächlich. Du verflachst, wenn du ohne klare Absicht lediglich geschickt taktierst. Es ist nicht möglich, Klarheit in der Handlung zu erreichen und geschickt zu taktieren. Wenn du versuchst in deinem Handeln authentisch zu sein, aber dein Geist manipulieren will, geschehen Fehler.

Frage: Kann eine starke Absicht wie zum Beispiel Gier authentisch sein?

Wird dein Handeln von Gier oder übermäßigem Ehrgeiz bestimmt, sind deine Absichten nicht authentisch. Wenn deine Absicht unrein ist, verursacht das ein schlechtes Gewissen, also kann sie nicht authentisch sein. Klare Absichten sind frei von negativen Gefühlen. Eine Handlung, die nicht geschickt ist, führt zu negativen Gefühlen und eine Absicht, die nicht authentisch ist, birgt negative Gefühle in sich.

Frage: Wie gehen wir am besten mit Absichten um?

Behalte deine *Sankalpas* und Absichten nicht für dich. Gib sie dem Göttlichen.

Handlungen können nie vollkommen sein, aber deine Absichten können makellos sein. Handlungen sind immer noch verbesserungsfähig. Handlung erfordert Wachstum und Bewegung und beides braucht Raum.

Deine Tiefe und deine Freiheit lassen deine Geschicklichkeit wachsen. Krishna war so geschickt, weil die Stille in ihm so tief war.

Washington, D.C., USA
27. Juni 2001

Handlungen entstehen aus bewussten Entscheidungen heraus. Reaktionen entstehen aus Impulsivität. Durch Impulsivität kommt es zu einer ganzen Kette von Verknüpfungen an *Karma*.

Karma entsteht durch Reaktionen und Unterlassungen, aber bewusstes Handeln transzendiert Karma. Obwohl durch bewusstes Handeln kein neues Karma entsteht, kann Unterlassung Karma erzeugen. Ein Soldat, der in einem Krieg kämpft, und ein Polizist, der Tränengas benutzt, erzeugen kein Karma, wohl aber ein Arzt, der einem behandlungsbedürftigen Patienten keine Medizin gibt.

Durch Wissen und Hingabe lasse alles Karma hinter dir und werde frei.

Europäisches Zentrum, Bad Antogast, Deutschland
27. Juli 2000

Liebe und Autorität sind völlig gegensätzliche Werte, sie schließen sich jedoch nicht gegenseitig aus.

Je gröber das Bewusstsein ist, desto deutlicher muss Autorität gezeigt werden. Sie muss weniger demonstriert werden, je feinsinniger und subtiler das Bewusstsein ist.

Ein unreifer Mensch verlangt nach Autorität und wenn Autorität verlangt wird, tritt Liebe in den Hintergrund. Auf der Autorität zu bestehen, zeigt einen Mangel an Vertrauen und Liebe. Je offensichtlicher jemand Autorität demonstriert, desto weniger effektiv und verständnisvoll ist sie. Ein verständnisvoller Mensch wird überhaupt keine Autorität fordern, wird sie aber als gegeben annehmen. Die erfolgreichsten Manager setzen ihre Autorität nicht vordergründig ein, sie lassen sie dich nicht spüren, weil Autorität niemals Kreativität hervorbringt.

Dein treuer Diener hat mehr Macht über dich als dein Chef. Ein Säugling hat absolute Macht über seine Mutter. In ähnlicher Weise hat ein *Devotee* absolute Macht über das Göttliche, obwohl er sie nie ausübt.

- Je weniger du liebst, umso stärker übst du deine Autorität aus.
- Je größer deine Liebe ist, umso subtiler wird deine Autorität sein.
- Je feinsinniger du wirst, umso mehr Autorität gewinnst du.

Internationales Zentrum, Bangalore, Indien
16. August 2001

Normalerweise gibt es dort, wo *Aishvarya* – Herrschertum – vorhanden ist keine *Mādhurya* – Süße – und wo *Mādhurya* vorhanden ist, gibt es kein *Aishvarya*. Wenn das Leben vollkommen erblüht ist, ist beides vorhanden.

Aishvarya bedeutet *īshvaratva* – Herrschaft von dem, das »Ist«. Reichtum wird auch auf *Aishvarya* bezogen, weil Reichtum eine gewisse Autorität gebietet.

Können Liebe und Autorität nebeneinander bestehen? Nur in einem voll erblühten Sein bestehen sowohl Herrschaft als auch Sanftmut. In Sri Rama war *Aishvarya* erblüht, aber nur ein Schimmer von *Mādhurya*. In Pashurams Leben war nur Herrschaft, aber keine Sanftmut vorhanden. Buddha verkörperte mehr *Mādhurya* – die Sanftmut – und wenig Autorität. Bei Krishna und bei Jesus war beides gleichermaßen ausgeprägt. Es war Herrschaft, als sie sagten: »Ich bin der Weg.« Und es gab Sanftmut in ihrem Ausdruck von Gebet und Liebe.

Internationales Zentrum, Bangalore, Indien
31. Oktober 2001

In einer Versammlung fragte Sri Sri: »Wer von euch fühlt sich stark?« Viele Menschen hoben die Hand.

Sri Sri fragte: »Warum?«

»Weil du bei uns bist«, antworteten sie.

»Nur diejenigen, die sich schwach fühlen, können sich hingeben«, gab Sri Sri zurück.

Alle, die sich stark gefühlt hatten, waren sehr betroffen, plötzlich fühlten sie sich schwach.

Wenn du in Liebe bist, fühlst du dich schwach, denn Liebe macht dich schwach. Und doch gibt es keine stärkere Macht als die Liebe. Liebe ist Stärke. Liebe ist die stärkste Macht auf Erden. Wenn du Gott nahe bist, fühlst du dich unendlich stark.

Frage: Aber warum schwanken wir zwischen Stärke und Schwäche?

Das ist das Auf und Ab des Lebens.

Wenn du dich schwach fühlst – gib dich hin. Wenn du dich stark fühlst – mache *Seva*, diene anderen.

Neu Delhi, Indien
10. August 2000

Ich bin der Geliebte der ganzen Welt und ich wohne in jedem Herzen.

Wenn du mein Geliebter bist, siehst du mich überall.

Liebe alle Menschen in gleichem Maße, aber auf unterschiedliche Art und Weise. Du kannst dich nicht allen gegenüber gleich verhalten, aber du kannst sie alle gleichermaßen lieben. Liebe geht über Verhalten und Benehmen hinaus.

London, Großbritannien
14. Februar 1996 (Valentinstag)

Einfach sein

Die Freude löst sich auf ... du verlierst deine
Identität.
Die Ruhe löst sich auf ... du verlierst deine Identität.
Die Liebe vergeht ... du verlierst deine Identität.
Die Botschaft für das kommende Jahr lautet ... sei
einfach!
Lass los und sei einfach.
Das heißt nicht, dass du faul sein sollst - keineswegs!
Du sollst sehr beschäftigt sein ... und einfach sein.

Ereignisse kommen und gehen, sie vergehen wie Blumen. Aber jedes Ereignis und jeder Mensch enthält auch ein bisschen Honig. Nimm dir einfach wie eine Biene aus jedem Ereignis und aus jedem Moment den Honig und ziehe weiter. Sei wie eine fleißige Biene und sei dir deines Seins bewusst.

Frage: Was ist der Nektar des Lebens?

Die Unendlichkeit ... das Göttliche.

Wie gefällt euch das?

Weggis, Schweiz
5. Januar 1996

Im Zustand der Unwissenheit ist Unvollkommenheit ganz natürlich und Vollkommenheit kann nur durch Anstrengung erreicht werden.

Im Zustand der Weisheit oder der Erleuchtung ist Unvollkommenheit nur durch Anstrengung möglich, aber Vollkommenheit eine innere Notwendigkeit und unvermeidbar.

Vollkommenheit bedeutet, völlige Verantwortung zu übernehmen, also zu wissen, dass du die einzige Person auf der ganzen Welt bist, die Verantwortung übernimmt. Wenn du denkst, dass andere verantwortlich sind, schwindet dein Verantwortungsgefühl.

Wenn du vollkommen in *Vairāgya* – Leidenschaftslosigkeit – aufgegangen bist, kümmerst du dich selbst um einfache und unbedeutende Dinge mit großer Perfektion.

Sri Sri Ravi Shankar dekoriert zum Beispiel für jede *Puja* den Tisch mit großer Sorgfalt, wählt jeden Tag Blumen mit verschiedenen Farben und neue Muster aus. Dabei ist er sich vollkommen darüber bewusst, dass die Dekoration noch keine zehn Minuten halten wird. Nach der *Puja* nimmt er die Girlanden ab und überschüttet die Anwesenden mit diesen Blumen.

Auch während er tief in *Samādhi* versunken ist, dekoriert er den *Puja*-Tisch liebevoll und ohne Anstrengung jeden Tag aufs Neue. Dabei ist es offensichtlich, dass es keine Rolle spielt, wie die Blumen arrangiert werden. Solch einfache Dinge sorgfältig und mit voller Aufmerksamkeit zu tun, zeugt von völliger Leidenschaftslosigkeit.

Vollkommenheit ist das wahre Wesen eines Erleuchteten.

Internationales Zentrum, Bangalore, Indien
12. Oktober 2000

Was bedeutet *Samnyāsa*? »Ich bin nichts und ich brauche nichts«, oder »Ich bin alles und habe alles«. Es ist entweder farblos oder bunt.

Internationales Zentrum, Bangalore, Indien
2. Mai 1996

Es gibt drei Arten von Leidenschaftslosigkeit.

Die erste Art ist Leidenschaftslosigkeit, die entsteht, wenn du das Leid in der Welt erkennst und das Leiden fürchtest. Die Ereignisse des Lebens – Schmerz und Leid, die du selbst erlebst oder bei anderen beobachtest – machen dich leidenschaftslos.

Die zweite Art von Leidenschaftslosigkeit entsteht aus deinem Wunsch heraus, höhere Ziele zu erreichen. Einige Menschen glauben, dass Leidenschaftslosigkeit ein Weg zur Erleuchtung ist. Sie hoffen im Jenseits mehr zu erreichen, indem sie hier auf einiges verzichten. Sie nehmen Entbehrungen auf sich und legen Gelübde ab, in der Hoffnung auf einen besseren Platz im Himmel.

Die dritte Art von Leidenschaftslosigkeit entsteht durch Weisheit und Wissen. Ein tieferes Verständnis der Vergänglichkeit aller weltlichen Dinge führt dich in einen Zustand, des Nicht-Anhaftens an Dinge, Ereignisse, Menschen oder Situationen. Das lässt dich unberührt und gelassen sein.

Göttliche Liebe lässt keine Leidenschaftslosigkeit entstehen. Das Erreichen dieser Liebe verzückt und berauscht dich derart, dass sie dir nicht nur deine Leidenschaft, sondern auch die Leidenschaftslosigkeit nimmt.

Jakarta, Indonesien
26. Mai 2002

Leidenschaft macht dich schwach. Leidenschaftslosigkeit ist Stärke.

Damit deine leidenschaftlichen Wünsche in Erfüllung gehen, musst du dich von so vielen Dingen abhängig machen. Leidenschaft und Selbstvertrauen vertragen sich schlecht. Wenn du leidenschaftlich bist, kannst du Selbstvertrauen vergessen. Wenn du Selbstvertrauen haben willst, musst du deinen Leidenschaften entsagen.

Dein Geist allein kann diese zwei so unterschiedlichen Aspekte in dir vereinen. Derselbe Geist, der Selbstvertrauen will, ist auch leidenschaftlich. Nur durch Spiritualität kann ein Mensch gleichzeitig leidenschaftlich und gelassen sein. Das ist eine der seltensten Kombinationen.

Wenn du leidenschaftslos bist, bist du stark, und Stärke ist Selbstvertrauen. Wahres Selbstvertrauen ist die Erkenntnis, dass es nichts gibt, was außerhalb des Selbst existiert. Wenn du erkennst, dass alles Teil des Selbst ist, kannst du alles leidenschaftlich begehren. Um deine Leidenschaft zu erfüllen, musst du dich nur auf das Selbst beziehen, das Selbst, das sich als Einziges nie verändert.

In Wahrheit existiert weder Vertrauen noch Leidenschaft. Entweder bist du leidenschaftlich oder selbstbewusst. In einem höheren Bewusstseinszustand jedoch kannst du beides sein – oder nichts von beidem.

Internationales Zentrum, Bangalore, Indien
22. Februar 2001

Wenn du glücklich bist, kommt dir das Leben oft wie ein Traum vor, denn es erscheint dir zu schön, um wahr zu sein. Wenn du leidest, erscheint dir das Leben als eine Last und manchmal leidest du, weil du alltägliche Dinge allzu ernst nimmst. Wenn du Vergnügungen wirklich ausgekostet hast, erkennst du, dass Vergnügen eine Last ist. Und wenn du wirkliches Leid erlebt hast, dann erkennst du, dass das Leben ein Traum ist. Wenn du erkennst, dass du durch jede leidvolle Situation hindurch getragen wurdest, weißt du, dass das Leben ein Traum ist. Und zwischen all dem Vergnügen und dem Leid ist das Leben ein Witz.

Das Leben ist eine sehr unsichere Sache. Erkenne, dass es ein Traum, eine Last oder ein Witz ist, bevor es vorbei ist.

Frage: Was ist damit gemeint – Leben ist ein Witz?
Einen Witz hinterfragt man nicht. Es ist kein Witz mehr, wenn man ihn erklären muss. Hinterfrage auch eine Last nicht. Es ist Zeitverschwendung, das Leben und all seine Ereignisse zu hinterfragen.

Eine Last bringt dich dazu, tief in dich selbst hineinzuschauen, bis in deinen Kern. Wenn dir bewusst wird, dass du träumst, erwachst du – und wenn du das Leben als einen Witz ansiehst, erfährst du Leichtigkeit.

Die einzige Gewissheit ist, dass das Leben ein Traum, eine Last oder ein Witz ist. Nur wenn du das erkennst, kannst du ganz in deiner Mitte sein.

Nordamerikanisches Zentrum, Montreal, Kanada
10. Mai 2001

Viele Menschen glauben, Ruhm und Leidenschaftslosigkeit seien Gegensätze und würden einander ausschließen.

Ruhm und Luxus ohne Leidenschaftslosigkeit sind nur widerlicher Pomp und Show. Ein solcher Ruhm befriedigt niemanden, er ist oberflächlich. Auf der anderen Seite ist die Leidenschaftslosigkeit schwach, die sich vor Ruhm fürchtet. Wahre Leidenschaftslosigkeit kümmert sich nicht um Ruhm.

Der Ruhm, der durch Leidenschaftslosigkeit entsteht, ist etwas Wahres, ist bleibend und echt. Wer Ruhm hinterherrennt, ist oberflächlich. Filmstars, Politiker oder religiöse Führer, die an ihrem Ruhm und ihrem Status festhalten, werden ihn mit Sicherheit verlieren. Wenn du dem Ruhm hinterherläufst, bekommst du nur Elend. Wenn du leidenschaftslos bist, kommt der Ruhm von allein zu dir.

Wenn du dich vor Ruhm fürchtest, ist es nicht weit her mit deiner Leidenschaftslosigkeit. Die *Sādhus* in Indien laufen vor dem Ruhm davon. Sie glauben, dass sie ihre Leidenschaftslosigkeit verlieren und sich im Netz des Weltlichen verfangen. Die Leidenschaftslosigkeit macht sie so glückselig, dass sie sich daran klammern. Sie haben Angst, die Leidenschaftslosigkeit, die Zentriertheit und die damit verbundene Glückseligkeit zu verlieren. Das ist eine schwache Leidenschaftslosigkeit.

Leidenschaftslosigkeit ist ein Zustand des Seins und Ruhm ist das, was darum herum geschieht.

Wahre Leidenschaftslosigkeit kann nie verloren gehen oder von Ruhm überschattet werden. Wahre Leidenschaftslosigkeit ist ruhmreich. Wirklicher Ruhm ist wahre Leidenschaftslosigkeit.

Cascade, Colorado, USA
16. Januar 2002

Benutze die Leidenschaftslosigkeit nicht, um die Flamme der Sehnsucht nach dem Göttlichen oder nach *Satsang* in dir zu ersticken.

Es gibt ein kleines Feuer in dir, das dich in Richtung Wissen, *Sādhana*, Hingabe und ehrenamtliche Tätigkeiten treibt. Aber manchmal benutzt du das Wissen, um dieses Feuer zu löschen. Scheinbar leidenschaftslose Menschen sind oft mürrisch und ohne Begeisterung. Du kannst häufig hören: »Weißt du, Gott ist überall, Guruji ist in meinem Herzen, ich kann überall *Satsang* haben. Mein *Seva* ist mein *Sādhana*, daher muss ich gar nicht meditieren. Ich mache sowieso vierundzwanzig Stunden täglich *Sādhana*. Wenn Gott will, wird er mich schon wieder auffordern, am *Satsang* oder an einem Fortgeschrittenenkurs teilzunehmen.« Solche Ausreden kann man nicht als Zeichen von Leidenschaftslosigkeit ansehen.

Wenn du ehrenamtlich tätig sein willst, sagt dein Verstand: »Das ist doch alles nur *Māyā*, alles ist eine Illusion. Alles geschieht ohnehin. Die Dinge werden schon zur rechten Zeit geschehen.«

Auf diese Weise wird das Wissen missbraucht und aus dem Zusammenhang gerissen, um die eigene Bequemlichkeit und Faulheit zu rechtfertigen. Wenn du das Wissen auf diese Weise anwendest, verpasst du sehr viel. Dann ist Leidenschaftslosigkeit schädlich.

Verliere nicht den Funken der Begeisterung und des Interesses im Namen der Leidenschaftslosigkeit! Schüre das Feuer der Sehnsucht nach dem Göttlichen und danach, der Gesellschaft zu dienen!

Nordamerikanisches Zentrum, Montreal, Kanada
24. Januar 2002

Was ist Begeisterung? Begeisterung heißt, mit dem Göttlichen in dir verbunden zu sein. Wenn du mit deiner Quelle verbunden bist, kannst du nur begeistert sein und du kannst nichts anderes als begeistert sein, wenn dein Geist vollständig im gegenwärtigen Augenblick ist. Apathie besteht, wenn du von der Quelle des Lebens entfernt bist.

Du musst wissen, dass Leidenschaftslosigkeit nichts mit Apathie zu tun hat; sondern einfach eine breitere Perspektive der Realität ist. Leidenschaftslosigkeit bedeutet, sich zur Quelle hin zu bewegen. Leidenschaftslosigkeit ist einfach der Weg zurück nach Hause. Es ist die Reise zur Quelle, die das Reservoir aller Begeisterung ist.

Das gleichzeitige Bestehen von Leidenschaftslosigkeit und Begeisterung ist das Geheimnis von immer währender Begeisterung und tief verankerter Leidenschaftslosigkeit. Obwohl sie gegensätzlich erscheinen, ergänzen sie sich in Wirklichkeit.

Washington, D.C., USA
1. Juli 2002

Vernunft ist auf das bereits Bekannte beschränkt. Vertrauen heißt, sich im Unbekannten zu bewegen. Vernunft ist Wiederholung. Vertrauen ist Erforschung.

Vernunft ist Routine. Vertrauen ist Abenteuer.

Vernunft und Vertrauen sind vollkommen gegensätzlich, dennoch sind sie beide wesentliche Bestandteile des Lebens.

Das Fehlen von Vertrauen ist Elend; Vertrauen spendet sofort Trost.

Vernunft bewirkt, dass du geistig gesund und mit beiden Beinen auf dem Boden bleibst.

Ohne Vertrauen gibt es keine Wunder - Vertrauen hebt Beschränkungen auf.

Durch Vertrauen kannst du über Naturgesetze hinausgehen, aber dein Vertrauen muss rein sein. Vertrauen übersteigt die Vernunft, dennoch musst du Vertrauen in dein eigenes logisches Denken haben! Vertrauen und Vernunft können ohne einander nicht bestehen. Jegliche Vernunft hat ihre Grundlage im Vertrauen. Immer wenn Vernunft oder Vertrauen verloren geht, gewinnen Chaos und Verwirrung die Oberhand - und das ist häufig ein Schritt in Richtung Wachstum.

Es gibt zwei Arten von Vertrauen: Vertrauen, das aus Angst, Gier oder Unsicherheit heraus geboren wurde, und Vertrauen, das aus Liebe entstand, wie zum Beispiel aus der Liebe zwischen Mutter und Kind oder zwischen Meister und Schüler. Während das Vertrauen, das aus Liebe entstand, unvergänglich ist, ist das aus Angst und Gier entstandene Vertrauen schwankend und unsicher.

Ein Atheist stützt sich auf die Vernunft, ein gläubiger Mensch stützt sich auf seinen Glauben. Der Atheist gibt Erklärungen und verschließt die Augen vor der Wirklichkeit. Ein gläubiger Mensch benutzt Gott als Versicherungspolice – er glaubt, etwas ganz Besonderes zu sein. Aber für Gott gibt es kein »mein« oder »andere« – für ihn sind alle gleich. Der Tod erschüttert beide! Wenn ein nahestehender Mensch stirbt, werden die Augen des Atheisten geöffnet und der Glaube des Gläubigen zerbricht. Nur ein Yogi, ein Weiser, bleibt unerschüttert, denn er ist bereits über Vernunft und Glauben hinausgewachsen.

Du musst Vertrauen und Vernunft ins Gleichgewicht bringen.

Europäisches Zentrum, Bad Antogast, Deutschland
16. Mai 2001

Frage: Guruji, wie können wir Tagträume unter Kontrolle bringen?

Was sind Tagträume? Tagträume entstehen, wenn du Sehnsucht nach etwas Bestimmtem hast, aber nicht daran glaubst, dass du es erreichen kannst. Du kannst sie zügeln, in dem du ein klares Ziel vor Augen hast und daran glaubst. Wie der Wissenschaftler, der zum Mond fliegen wollte und ständig davon träumte – für ihn war dieses Projekt das Ziel seines Lebens, aber für andere war es nur ein Tagtraum.

Glaube fest daran, dass dein Traum Wirklichkeit wird – oder lass die Idee fallen.

Wenn du dich selbst, dein wahres Potenzial nicht kennst, hast du kein Vertrauen in deine Träume.

Wenn du an deine Träume glaubst und Vertrauen in sie hast, sind sie keine Tagträume mehr.

Neu Delhi, Indien
7. Dezember 2001

Vertrauen und Wachsamkeit scheinen in ihrem Wesen völlig gegensätzlich zu sein.

Wenn du wachsam bist, dann hast du gewöhnlich kein Vertrauen und du fühlst dich unruhig und unsicher. Wenn du Vertrauen hast, ist dein Geist ruhig und du fühlst dich sicher, also bist du nicht wachsam.

Es gibt drei Arten von Vertrauen:

Tamasisches Vertrauen beruht auf Trägheit. Du willst keine Verantwortung übernehmen, nichts tun und sagst: »Es ist sowieso egal. Gott wird schon dafür sorgen.«

Rajasisches Vertrauen entsteht durch zwanghaften Ehrgeiz, starkes Verlangen. Der Ehrgeiz erhält dein Vertrauen aufrecht.

Sattvisches Vertrauen ist unschuldig und entsteht aus der Fülle des Bewusstseins.

Obwohl Vertrauen und Wachsamkeit scheinbar Gegensätze sind, ergänzen sie sich. Ohne Vertrauen kann es kein Wachstum und ohne Wachsamkeit kein richtiges Verständnis geben. Vertrauen kann dich selbstgefällig machen, Wachsamkeit kann zu Anspannung führen. Ohne Vertrauen bekommst du Angst. Und ohne Wachsamkeit kannst du weder richtig verstehen noch dich richtig ausdrücken, deshalb ist die Kombination aus beiden notwendig.

In *Gyāna* - dem Zustand von Weisheit - gibt es Wachsamkeit ohne Anspannung und Vertrauen ohne Selbstgefälligkeit. Das Ziel der Erziehung sollte sein, dem Vertrauen die Trägheit und der Wachsamkeit die Angst zu nehmen. Das ist eine einzigartige, sehr seltene Kombination.

Wenn du gleichzeitig vertrauensvoll und wachsam bist, wirst du ein wahrer *Gyani* - ein Weiser.

Internationales Zentrum, Bangalore, Indien
17. Juni 2002

Aus welchem Grund belügt jemand die Menschen, die er liebt?

Diese Frage wird oft von Liebespaaren gestellt. Liebe verträgt keine Unwahrheit. Lügen zerstören Beziehungen. Das Verständnis des Paradoxons von Liebe und Wahrheit gibt uns die Antwort.

Menschen lügen, um die Liebe zu retten und zu erhalten. Diese Lügen entstehen aus der Angst heraus, dass die Wahrheit die Liebe von Ehefrau oder Ehemann, Freund oder Freundin, Eltern oder Kindern zerstören könnte.

Wenn du liebst, fühlst du dich schwach, Wahrheit jedoch macht dich stark. Warum also ziehen Menschen die Liebe der Wahrheit, die Schwäche der Stärke vor?

Niemand will die Liebe opfern. Deshalb sind Menschen bereit, für ihre Liebe auf die Wahrheit zu verzichten. Liebe nimmt der Wahrheit ihren Glanz. Manchmal kann die Wahrheit die Liebe verbittern. Für den, der liebt, können sogar Lügen süß erscheinen, wie Krishnas Lügen, als er seine Mutter Yashodā belog.

Wahrheit, die nicht die Liebe nährt, ist sinnlos, und die Liebe, die die Wahrheit nicht aushält, ist keine echte Liebe. Wenn du ganz sicher bist, dass deine Liebe so stark ist, dass die Wahrheit sie nicht verbittern, nicht zerstören kann, dann triumphiert die Wahrheit und die Liebe erstrahlt.

Mit Wahrheit gehen Beurteilungen einher, wahre Liebe jedoch steht über allen Beurteilungen. Obwohl wahre Liebe dich schwach macht, ist sie gleichzeitig die stärkste Kraft.

Internationales Zentrum, Bangalore, Indien
22. Februar 2002

Kapitel 2

Werdet Gott füreinander! Suche nicht nach Gott irgendwo im Himmel, sondern sieh Gott in jedem Augenpaar, in den Bergen, im Wasser, in Bäumen und in Tieren. Wie? Das kannst du nur, wenn du Gott in dir selbst erkannt hast. Nur Gott kann Gott verehren. Um das Göttliche zu erkennen, gibt es drei Dimensionen - Zeit, Raum und Geist.

Suchende müssen Raum und Zeit ehren, um in ihrem Geist Heiligkeit erfahren zu können. Wenn du Raum und Zeit ehrst, wird dein Geist wach. Aber für den, der über den Geist hinausgewachsen ist, ist Heiligkeit bedeutungslos oder es sind für ihn jede Zeit, jeder Ort, jede Stimmung heilig.

Es gibt nur wenige Sternstunden im Leben. Halte sie fest und bewahre sie wie einen Schatz! Ort, Zeit und Gemütslage deines Geistes sind Faktoren, die eine Feier beeinflussen.

Ergreife jede Gelegenheit zu feiern. Dann wirst du dich erfüllt und großartig fühlen, dann wird Feiern deinen Geist an allen Orten und in allen Stimmungslagen durchdringen und Feiern ist unvermeidlich. Feiern lässt dich die Fülle des Augenblicks erleben. Die Zeit, die du in der Gesellschaft des Meisters – im Wissen – erlebst, ist die wertvollste Zeit deines Lebens. Bewahre sie. Indem du sie bewahrst, erhebst du dich über Geist, Zeit und Raum. Das ist die wahre Feier.

Lake Tahoe, Kalifornien, USA
8. Juli 2001

Navarātri bedeutet »die neun Nächte und die neue Nacht«. Die Schöpfung vollzieht sich in der Dunkelheit – im Mutterleib und im Erdreich. Neun Monate im Mutterleib sind wie neun lange Nächte, in denen der Geist menschliche Form annimmt. Diese neun Nächte sind wertvoll, weil sie die feinstoffliche Energie der Schöpfung verstärken. Die Nacht sorgt auch für Ruhe und Erneuerung. In der Nacht begibt sich die ganze Schöpfung zur Ruhe. Am Abend kommen die Menschen von der Arbeit heim, freuen sich, feiern und beten.

Es gibt 64 verschiedene Energieformen der Göttlichen Mutter, die die subtilen Aspekte der Schöpfung bestimmen. Diese Impulse sind verantwortlich für die Wiederherstellung und Aufrechterhaltung aller weltlichen und spirituellen Bereiche und Teil des erwachten Bewusstseins. Wir feiern diese neun Nächte von *Navarātri*, um diese göttlichen Impulse wiederzuerwecken und die geheimnisvolle Tiefe unseres Lebens zu feiern.

Minsk, Russland
9. Oktober 1996

Wenn du etwas liebst, hast du dazu eine innere Verbindung. Du kannst nur das lieben, zu dem du eine innere Verbindung hast. Fehlt diese innere Verbindung, kannst du es nicht lieben. Liebe ist der Schatten, den das Selbst wirft.

Je größer das Selbst ist, umso größer der Schatten, umso größer die Liebe.

Wenn der Schatten der Liebe auf die ganze Schöpfung fällt, bist du das große Selbst. Das ist wahre Herrschaft.

Wenn Herrschaft im Selbst aufsteigt, dann ist es immerwährendes Feiern.

Internationales Zentrum, Bangalore, Indien
26. Oktober 2000

Wer nicht ehrfürchtig über die Großartigkeit der Schöpfung staunen kann, hat seine Augen noch nicht geöffnet. Sind deine Augen einmal geöffnet, schließt du sie wieder: Das ist Meditation.

Sag mir, was in dieser Schöpfung nicht geheimnisvoll ist. Die Geburt ist ein Mysterium, der Tod ist ein Mysterium. Und wenn sowohl Geburt als auch Tod Mysterien sind, dann ist das Leben wohl ein noch größeres Mysterium.

Wenn du vollständig in das Geheimnis des Lebens und der Schöpfung eintauchst, bist du in *Samādhi*.

Was du weißt oder glaubst, ist unbedeutend gegenüber dem, was »Ist«. Diese Schöpfung ist ein unergründbares Mysterium und seine Geheimnisse werden immer tiefer.

Von diesem Mysterium durchdrungen zu sein, bedeutet Hingabe. Die »Szenerie« ist ein Mysterium, der »Seher« ist ein Mysterium. Tiefer in das Geheimnis der Schöpfung einzutauchen ist Wissenschaft. Tiefer in das Geheimnis des Selbst einzutauchen ist Spiritualität. Das sind die zwei Seiten derselben Münze.

Wenn weder Wissenschaft noch Spiritualität dich in ehrfürchtiges Staunen versetzen und Hingabe in dir erwecken können, dann bist du in einem tiefen Schlaf.

Internationales Zentrum, Bangalore, Indien
7. Oktober 2000

Nach dem *Satsang* war eine Gruppe mit Sri Sri zusammen. Sie spielten mit Worten, diskutierten mit ihm und neckten ihn, indem sie ihm sagten, dass er nicht viel Zeit mit ihnen verbringe und dennoch ihre Herzen gestohlen habe. Sri Sri blieb immer siegreich, da er ihre Argumente ins Gegenteil verdrehte. Dann fuhr er fort:

Nach einer Auseinandersetzung mit mir bist du vergnügt, ob du nun dabei gewonnen oder verloren hast. Was passiert normalerweise, wenn du bei einer Auseinandersetzung verlierst? Du bist traurig, verletzt und wütend. Aber ob du eine Auseinandersetzung mit mir verlierst oder gewinnst, bist du immer glücklich. Warum? Weil du eine innige Verbundenheit mit mir spürst. Deine Liebe ist wichtiger als Perfektion, Annehmlichkeiten und Wünsche. Du kannst dein Sein als wichtiger ansehen als ein Ereignis und du vertraust auf das absolut Gute. Mit dem Gefühl der tiefen Verbundenheit beginnt wahres Spielen. Dann ist Gewinnen oder Verlieren unbedeutend.

Kannst du diese Einstellung nicht jedem gegenüber einnehmen?

Internationales Zentrum, Bangalore, Indien
5. September 1996

Du bist der Weihnachtsbaum. Der Weihnachtsbaum zeigt nach oben und seine Äste wachsen nach allen Seiten. Er ist geordnet.

Zu einer Zeit, in der kein anderer Baum Früchte trägt, ist er behangen mit vielen Gaben. Und er ist das ganze Jahr über grün. Ein Weihnachtsbaum trägt die Gaben und die Lichter nicht für sich selbst.

Alle Talente, die du hast, sind für andere da. Du bietest jedem, dem du begegnest, deine Gaben an.

Europäisches Zentrum, Bad Antogast, Deutschland
24. Dezember 1997

Stell dir vor, dir würde das Schlimmste widerfahren, was es auf der Welt gibt. Was würdest du dann tun? Beklage dich nicht, wenn dich das schlechteste Los trifft. Du kannst dich nur beklagen, wenn du nicht das Allerschlimmste bekommst. Wenn die Welt in ihrem schlechtesten Zustand ist, kann sie nur besser werden - und du bist hier, um sie zu verbessern.

Was passiert, wenn du alles alleine tun musst, wenn niemand dir hilft? Du hast zwei Möglichkeiten: Entweder du bist frustriert und beklagst dich oder du rechnest es dir als Verdienst an, dass du alles alleine tun musst und dankst den anderen, dass sie dir nicht helfen, sodass du alle Lorbeeren ernten kannst. Um dankbar sein zu können, bete inständig und wisse, dass du alle Energie bekommen hast, die notwendig ist, um es alleine zu bewältigen.

Es gibt nur Einen, der alles bewirkt.

Dallas, Texas, USA
22. Januar 1997

Menschen, die bereit sind zu dienen, haben es selbst in schlechten Zeiten gut. Wenn es Krieg oder Hungersnot gibt, geht es den Mitarbeitern des Roten Kreuzes gut, weil sie dienen. Je mehr Hilfe sie leisten können, umso glücklicher sind sie. Selbstsüchtigen Menschen, die sich nur amüsieren wollen, geht es selbst in guten Zeiten schlecht. Menschen, die ein Fest organisieren, können das meistens gar nicht genießen, weil immer irgendeine Kleinigkeit fehlt, sie bei der Einladung jemanden vergaßen, jemand nicht kam oder irgendetwas nicht klappte.

Ein weiser Mensch ist auch in schlechten Zeiten glücklich. Ein Unwissender ist selbst in guten Zeiten unglücklich. Du selbst machst die Zeiten gut oder schlecht. Üblicherweise klagen die Menschen über schlechte Zeiten und warten auf bessere Zeiten. Selbst wenn ein Astrologe dir sagt, dass du hoffnungslose Zeiten vor dir hast, kannst du daraus eine gute Zeit machen.

Die Zeit hat genau wie das Wetter bestimmte Auswirkungen auf dich. Deine *Satsangs* und dein *Sādhana* sind dein Schild und Schutz. Erkenne, dass du mehr bist als die Zeit und dass du sie ändern kannst durch deine Verbindung mit dem Göttlichen.

Europäisches Zentrum, Bad Antogast, Deutschland
31. Dezember 1997

Du kannst immer sicher sein, dass Gott dich nie mit einer Aufgabe konfrontieren wird, der du nicht gewachsen bist. Niemand wird von dir erwarten, dass du ihn medizinisch behandelst, wenn du kein Arzt bist. Keiner wird dich bitten, eine elektrische Anlage zu reparieren, wenn du kein Elektriker bist.

- Du bist nur für das verantwortlich, was du leisten kannst.
- Du weißt gar nicht, was du alles leisten kannst.
- Akzeptiere immer, dass du nicht weißt, was du alles leisten kannst.
- Die Unkenntnis deiner Fähigkeiten lässt dich wachsen.

Wenn du weißt, was du kannst, kannst du gewisse Fortschritte machen. Doch du kannst sprunghaft wachsen, wenn dir gar nicht klar ist, was du alles kannst.

Wenn du weißt, was du kannst, kannst du bestimmte Dinge tun. Aber du kannst sie noch besser tun, wenn du gar nicht weißt, was du kannst.

Internationales Zentrum, Bangalore, Indien
18. Oktober 2000

Gott hat die Menschheit und die ganze Welt in so großer Vielfalt und mit so vielen guten Dingen geschaffen. Gott erschuf so viele Arten Gemüse, Düfte, Blumen, Dornen, Drachen und Schrecken, um die Menschen zu erfreuen und zu unterhalten. Aber die Menschheit wurde immer depressiver.

Da wurde Gott sehr streng und die Menschen mussten lernen, es ihm recht zu machen. Jetzt waren die Menschen damit beschäftigt, Gott zu gefallen. Und sie wurden dadurch glücklicher, da sie keine Zeit mehr hatten, sich zu sorgen oder depressiv zu werden. Denn wenn du jemanden zufriedenstellen musst, bist du immer beschäftigt. Das macht dich glücklicher. Aber wenn dein einziges Ziel ist, dir selbst ein angenehmes Leben zu machen, wirst du mit Sicherheit depressiv werden.

Vergnügen erzeugt nur mehr Verlangen, aber das Problem ist, dass wir versuchen, durch Vergnügen Zufriedenheit zu erlangen. Wahre Zufriedenheit gibt es aber nur durch Dienen.

Europäisches Zentrum, Bad Antogast, Deutschland
2. August 2001

Was ist ein ehrenamtlicher Mitarbeiter? Ein ehrenamtlicher Mitarbeiter ist jemand, der kommt, um zu helfen, ohne dass er darum gebeten wurde. Nur ein selbstbestimmter, inspirierter Mensch wird ein ehrenamtlicher Mitarbeiter.

Es ist durchaus möglich, dass die Begeisterung und Motivation eines ehrenamtlichen Mitarbeiters nachlässt, dass er frustriert wird. Üblicherweise wird die innere Einstellung eines ehrenamtlichen Mitarbeiters nicht so sehr von seiner Demut bestimmt, sondern eher von der Tatsache, dass Hilfe benötigt wird. Das vermindert die Qualität seines Dienens. Ein weiterer Stolperstein für einen ehrenamtlichen Mitarbeiter ist, dass seine innere Verpflichtung nachlässt, dass er denkt: »Es gibt ja keinen Boss. Wenn ich mag, tue ich etwas; wenn ich keine Lust habe, dann nicht.« Das ist so, als ob die Räder eines Autos nur auf die Lenkung reagierten, wenn sie Lust dazu hätten. Auch wenn du ein Haus bauen willst, musst du die Autorität des Architekten anerkennen, der dann der »Boss« ist.

All diese Probleme können nur durch tieferes spirituelles Wissen überwunden werden. Ein ehrenamtlicher Mitarbeiter ohne Spiritualität ist vollkommen schwach.

- Ein ehrenamtlicher Mitarbeiter sollte seiner Verpflichtung treu bleiben.
- Spirituelle Übungen machen einen ehrenamtlichen Mitarbeiter rechtschaffen.
- Ein ehrenamtlicher Mitarbeiter muss den Leiter eines Projektes anerkennen.

- Die Stärke eines ehrenamtlichen Mitarbeiters wächst mit den Herausforderungen, die er anzunehmen bereit ist.
- Ein ehrenamtlicher Mitarbeiter geht über seine Grenzen hinaus, wenn er feststellt, dass er fähig ist, so viel mehr zu leisten, als er sich jemals vorgestellt hat.
- Ein wirklich ehrenamtlicher Mitarbeiter erwartet weder Dank noch Lohn. Wer denkt, dass ihm jemand in irgendeiner Weise verpflichtet ist, der irrt sich gründlich.

Ein Mensch arbeitet ehrenamtlich, weil er Freude daraus bezieht. Diese Freude ist die Belohnung und sie kommt sofort. Sie kommt nicht am Ersten des Monats in Form eines Gehaltes. Wenn ein ehrenamtlicher Mitarbeiter das erkennt, wird er mit tiefer Dankbarkeit erfüllt.

Wenn ein ehrenamtlicher Mitarbeiter das Wohl des anderen vor sein persönliches Wohl stellt, sind Wissen und gute Freunde seine Unterstützung.

Taipeh, Taiwan
9. November 2001

Viele Menschen wollen bei ihrer Arbeit niemanden über sich haben, der ihnen Anweisungen gibt – weder im Beruf noch in einer Firma oder als ehrenamtlicher Mitarbeiter. Ihre Vorstellung ist, dass sie dann ihre Freiheit verlieren und für ihre Leistung zur Rechenschaft gezogen werden.

Daher entscheiden sich viele Menschen für eine selbstständige Berufsausübung, sie wollen ihr eigener Chef sein. Aber in deinem eigenen Betrieb bist du dann vielen anderen Rechenschaft schuldig. Wenn du nicht einmal gegenüber einer einzigen anderen Person Rechenschaft ablegen willst, wie kannst du es dann gegenüber so vielen? Das ist doch paradox. Tatsächlich bindet dich dein eigener Betrieb viel stärker, als es ein Chef vermag.

Die Weigerung, für einen Vorgesetzten zu arbeiten, ist ein Zeichen von Schwäche, kein Zeichen von Stärke. Ein starker Mensch fühlt sich wohl, wenn er für einen anderen arbeitet, denn er kennt seine Stärke. Nur die Schwachen und Armen im Geiste wollen nicht für jemand anderen arbeiten, denn sie sind sich ihrer Stärke nicht bewusst. Sie können weder im Geschäftsleben noch in einem anderen Beruf erfolgreich sein. Wer ängstlich oder arm im Geiste ist, wird sich sogar unwohl fühlen, wenn er für einen weisen Menschen arbeitet. Aber wer um seine Stärke weiß, der arbeitet selbst für einen Dummkopf erfolgreich.

All das trifft auch für ehrenamtliche Arbeit zu. Häufig möchten ehrenamtliche Mitarbeiter nicht unter der Leitung eines anderen arbeiten, aber dies zeigt nur ihre Schwäche. Mit einer solchen Haltung erreichen sie sehr wenig.

Frage: Wie kann ich mit dem Frust umgehen, unter der Leitung eines Dummkopfs zu arbeiten?

Mit Geschick und Intelligenz kann man, wenn man seine Stärke kennt, jeden Nachteil in einen Vorteil verwandeln. Ein Dummkopf kann dein kommunikatives Talent enorm fördern!

Sei also wachsam! Wenn du dich dabei nicht wohlfühlst, für jemand anderen zu arbeiten, zeigt das deutlich, dass du stärker werden musst. Frei sein bedeutet nicht, sich Unabhängigkeit von bestimmten Lebensumständen, Situationen oder anderen Menschen zu wünschen. Das Wissen, dass niemand dir deine Freiheit nehmen kann das ist Stärke. Und wenn du erkennst, dass deine Stärke unerschütterlich ist, wirst du für jeden arbeiten können, wer es auch sein mag.

Rishikesh, Indien
30. März 2001

Es gibt fünf Arten von *Seva*.

Die erste Art: Du machst *Seva*, ohne zu wissen, dass es *Seva* ist. Du merkst gar nicht, dass du *Seva* machst, weil du nur tust, was deinem eigentlichen Wesen entspricht - du kannst gar nicht anders.

Die zweite Art: Du machst *Seva*, weil in einer bestimmten Situation Hilfe gebraucht wird.

Die dritte Art: Du machst *Seva*, weil es dir Spaß macht.

Die vierte Art: Du machst *Seva*, weil du hoffst, irgendwann in der Zukunft davon profitieren zu können.

Die fünfte Art: Du machst *Seva*, um damit prahlen zu können, dein Image zu verbessern und in Gesellschaft und Politik Anerkennung zu bekommen. Diese Art von *Seva* ist enorm anstrengend, während die erste Art dich in keiner Weise ermüdet.

Um die Qualität deines *Seva* zu verbessern, ungeachtet wo du im Augenblick stehst, musst du dich zu den höheren Ebenen hinbewegen.

Internationales Zentrum, Bangalore, Indien
23. November 2001

Wissen hat die Kraft zu organisieren. Nur das Wissen kann organisieren. Je tiefer du in das Wissen eintauchst, desto besser kannst du organisieren. Die folgenden sieben Leitsätze helfen dir, erfolgreich zu arbeiten und ein starkes Team aufzubauen.

- Unterschätze niemals deine Organisation. Wenn du sie unterschätzt, wirst du nicht in der Lage sein, sie aufzubauen.

- Verteidige deine Absichten, aber nicht deine Handlungen. Häufig verteidigen Menschen ihre Handlungen und verlieren dabei ihr Vorhaben aus den Augen. Dann tut es ihnen leid und sie fühlen sich schwach. Das ist nicht nötig. Verteidige deine Absicht, das Richtige zu tun.

- Teamarbeit. Mit Teamarbeit erreichst du mehr als du als Einzelner erreichen könntest. Es gibt Arbeiten, die man besser allein macht, und andere, die am besten im Team gemacht werden. Finde eine geeignete Kombination aus Alleingang und Teamarbeit. In jedem Fall, ob allein oder in einem Team, wirst du auf Hindernisse stoßen. Beide sind wichtig für dein Wachstum. Jede Art zu arbeiten hat Vor- und Nachteile. Wenn du nur auf eine setzt, wirst du verlieren. Der Trick ist, weder gegen die eine noch die andere eine Abneigung zu haben und sich auf das Ziel zu konzentrieren.

- Freunde verteidigen. Nimm einmal an, du hast einem Freund einen Job verschafft und er macht einen Fehler.

Versuche nicht, ihn zu verteidigen. Das ist der Punkt, an dem das Team auseinanderbricht. Wenn du einen Freund verteidigst, bist du nicht zu allen freundlich. Die Fehler eines anderen zu verteidigen ist dem Team gegenüber nicht gerecht und verhindert, dass jemand aus seinen Fehlern lernen kann. Weichherzigkeit und Mitgefühl können für beide, das Team und die Organisation, schädlich sein.

- Rechtfertige einen Fehler nie durch Einschüchtern oder Logik. Das Stimme-Erheben, Einschüchtern, Sich-ärgern, Schreien und die Anwendung scheinbarer Logik lassen Falsches richtig erscheinen. Jemand mag einen Fehler machen, aber mit großem Geschrei kann er ihn dann als richtig hinstellen. Wenn man die Stimme erhebt, um jemanden einzuschüchtern und auf diese Weise etwas durchzusetzen, mag etwas Falsches richtig erscheinen. Lass dich dazu nie hinreißen. Lass dich nicht zu Selbstbehauptung, Einschüchterungen, falscher Logik und Weichherzigkeit hinreißen.

- Ehrenamtliche Mitarbeiter führen sich oft auf, als sei jeder der Boss und keiner ein Arbeiter. Wenn du mit ehrenamtlichen Mitarbeitern arbeitest, sei ruhig und verständnisvoll. Frage nur: »Hast du deine Arbeit ausgeführt?«

- Lösungen sollten immer sofort gefunden werden. Je dynamischer eine Institution ist, desto öfter werden schnelle Lösungen gefunden. Das ist nicht wie bei einem 8-Stunden-Job in einer Firma mit Arbeitsplänen für ein ganzes Jahr. Die Produktivität von ehrenamtlichen Mitarbeitern ist viel größer. Je dynamischer eine Gruppe ist, desto schneller ist ein Ziel erreicht. Eine gewisse Zeitspanne für Chaos und Verwirrung einzukalkulieren kann Stress vermeiden.

Internationales Zentrum, Bangalore, Indien
16. Dezember 1999

So viele Menschen beschäftigen sich nur mit »wichtigen« Dingen. Ihr Denken kreist immer um die Frage, was nun »wichtig« ist. Warum musst du denn nur das tun, was wichtig ist? Wenn du sagst, dass etwas wichtig ist, begrenzt du damit deinen Horizont.

Damit einige Dinge wichtig sein können, müssen viele andere Dinge unwichtig sein. Du kommst also nicht ohne unwichtige Dinge aus. Es ist wichtig, unwichtige Dinge zu haben, damit etwas anderes wichtig wird. Dinge sind entweder von sich aus wichtig oder machen andere Dinge wichtig. Das heißt, alles ist wichtig und – alles ist unwichtig. Wenn du diese Tatsache begreifst, musst du in Bezug auf Wichtigkeit keine Unterschiede mehr machen.

Ein Journalist fragte mich einmal: »Warum ist es wichtig, zu atmen? Warum ist es wichtig, glücklich zu sein? Warum ist es wichtig, in Frieden zu leben?« Diese Fragen sind völlig sinnlos. Warum sollst du denn immer danach schauen, ob etwas wichtig ist? Etwas Unwichtiges kann zu etwas sehr Wichtigem beitragen. Und zu verschiedenen Zeiten, an verschiedenen Orten ändert sich, was wichtig oder unwichtig ist. Nahrung ist wichtig, wenn du hungrig bist, und unwichtig, wenn du satt bist.

Wenn etwas unvermeidlich ist, bezeichnest du es nicht als wichtig oder unwichtig. Es ist jenseits einer Auswahl. »Alles ist wichtig« – das ist *Karma Yoga*. »Nichts ist wichtig« – das ist tiefe Meditation.

Nordamerikanisches Zentrum, Montreal, Kanada
11. Januar 2001

Sekretärinnen, Polizisten, Richter, Bankangestellte und Menschen in Schlüsselpositionen sollten sich nicht freundschaftlich verhalten!

Die Nachteile des freundschaftlichen Umgangs sind:

- Du fühlst dich verpflichtet.
- Du verlierst deine Freiheit.
- Du neigst dazu, schlechte Gewohnheiten und schlechte Laune anzunehmen.
- Deine Wahrnehmung kann nicht mehr frei und unbefangen sein. Deine Gedanken und Handlungen könnten nicht mehr unvoreingenommen sein.
- Du verlierst deine Zielstrebigkeit, deine innere Verpflichtung, deine Kreativität – und darüber hinaus vergeudest du deine Zeit.

Du musst sehr weise werden, um dich von der Last der Verpflichtungen befreien zu können und dich nicht von den Meinungen und Gefühlen deiner Freunde beeinflussen zu lassen.

Oft ist es besser, nicht freundlich, sondern unfreundlich zu sein. Unfreundlich sein bedeutet nicht, aggressiv oder feindselig zu sein. Die besten Sekretärinnen, Polizisten oder Richter müssen unfreundlich sein.

Wer zurückhaltend und gleichgültig ist, kann besser bei sich selbst bleiben als jemand, der überfreundlich ist. Ein gewisses Maß an Zurückhaltung in deinen Beziehungen stärkt dich und verbindet dich mit deiner Quelle.

Es ist leicht, zurückhaltend oder unfreundlich zu sein. Aber freundlich und gleichzeitig zurückhaltend zu sein ist *Sādhana*.

Auf dem Weg von Davos zum Flughafen Zürich, Schweiz
31. Januar 2001

Es liegt Freude in der Ruhe und Freude im Tun. Die Freude im Tun ist kurzlebig und ermüdend, aber die Freude in der Ruhe ist erhaben und kraftspendend. Deshalb ist die Freude am Tun für denjenigen, der die Freude in der Ruhe (*Samādhi*) erfahren hat, bedeutungslos. Tue alles so, dass du tiefe Ruhe haben kannst. Aktivität gehört zum Leben. Die wahre Freude aber liegt in *Samādhi*. Um tiefe Ruhe empfinden zu können, musst du aktiv sein. Wichtig ist, das richtige Gleichgewicht zu finden.

Viele suchen ihr Vergnügen in diesem oder jenem, der Weise aber lächelt nur.

Wahre Ruhe liegt nur im Wissen.

Nordamerikanisches Zentrum, Montreal, Kanada
19. Juli 2001

Was kannst du bis in alle Ewigkeit tun? Du kannst keinesfalls ewig Großartiges oder Großes leisten, denn das erfordert Anstrengung und Anstrengung ermüdet. Etwas Großes kannst du nur für kurze Zeit leisten. Wenn du dir etwas vorstellst, das weit unter deinen Möglichkeiten liegt, und du bereit bist, es ewig zu tun, dann wird das zur *Puja*.

Die Bereitschaft, ganz bewusst einfache Dinge auf ewig zu tun, verbindet dich mit der Ewigkeit. Das ist ein Mittel gegen das Ego. Das Ego ist sehr ehrgeizig und treibt dich dazu, spektakuläre Dinge zu tun, wie z. B. den Mount Everest zu besteigen. Einfache Dinge wie das Beobachten eines Schmetterlings, das Bewässern eines Gartens, die Betrachtung des Himmels können dich tief entspannen und Entspannung verbindet dich mit deiner Quelle. Das soll nicht heißen, dass du dein ganzes Leben lang nur einfache Dinge tun sollst; aber die ganz bewusste Bereitschaft, einfache Dinge auf ewig zu tun, eröffnet dir eine neue Dimension und erfüllt dich mit tiefem Frieden und Ruhe.

Um Ruhe in der Aktivität zu finden, suche dir eine Tätigkeit, die weit unter deinen Möglichkeiten liegt, und sei bereit, sie für immer zu tun. Etwas zu tun, das weit unter deinen Möglichkeiten liegt, und dabei zufrieden zu sein, wird dich dazu befähigen, etwas zu leisten, das weit über deinen Möglichkeiten liegt.

Wisse, dass alle Handlungen aus der Unendlichkeit heraus geboren werden. Und was aus der Unendlichkeit kommt, kann dich auch in die Unendlichkeit zurückbringen.

Kodaikanal, Indien
24. Mai 2001

Was solltest du tun, wenn deine innere Verpflichtung dich zu langweilen beginnt?

Verpflichtung ist dann besonders wertvoll, wenn die Dinge nicht so reizvoll und interessant sind. Wenn du eine interessante Tätigkeit hast, brauchst du dazu überhaupt keine Verpflichtung. Du würdest nie sagen, dass du die Verpflichtung hast, eine Tätigkeit auszuführen, die dich sehr reizt und interessiert.

Washington, D.C., USA
2. Juli 2002

Frage: Warum ist es für einige von uns leichter, sich eher für das eigene Wohlergehen zu verpflichten als für das Wohlergehen anderer?

Weil du nicht weißt, dass alles, wofür du dich einsetzt, dir Kraft gibt. Wenn du dich für deine Familie einsetzt, wird deine Familie dich unterstützen. Wenn du dich für die Gesellschaft engagierst, erfreust du dich der Unterstützung der Gesellschaft. Wenn du Gott verpflichtet bist, gibt Gott dir Kraft. Wenn du der Wahrheit verpflichtet bist, gibt Wahrheit dir Kraft.

Vielen Menschen ist das nicht klar und deshalb zögern sie oft, sich für eine wichtige Sache einzusetzen. Auch fürchten sie, dadurch ausgelaugt zu werden oder ihre Freiheit zu verlieren. Aber deine Verpflichtung für eine Sache bringt dir auf lange Sicht immer Kraft und Wohlbefinden.

Verpflichtung im Leben wird dich ganz sicher zu höheren Zielen führen. Je größer deine Verpflichtung, desto größer wird der Nutzen für alle.

Wenn dein Weg reizvoll ist, dann ist deine Verpflichtung mühelos und Teil deines Wesens.

Boston, Massachusetts, USA
27. April 2002

Du kannst etwas nur dann als Verpflichtung empfinden, wenn es unbequem wird. Wenn etwas angenehm ist, nennt man es nicht Verpflichtung.

Sollte dir deine Bequemlichkeit am allerwichtigsten sein, dann schwindet deine Verpflichtung und das macht dir sogar mehr Unannehmlichkeiten! Wenn du deine Verpflichtung aufgibst, nur weil sie dir unbequem wird, wie kannst du dich dabei wohlfühlen?

Häufig führt das, was bequem ist, nicht zu Wohlbefinden, sondern gibt dir nur die Illusion von Wohlbefinden. Aber wenn du allzu verbissen mit deinen Verpflichtungen umgehst und es zu häufig unangenehm ist, kannst du Verpflichtungen oft nicht einhalten und wirst dadurch frustriert. Es ist weise, ein Gleichgewicht von Bequemlichkeit und Verpflichtung zu finden, weil beide für das Wohlbefinden von Körper, Geist und Gemüt sorgen.

Ein Mensch, der Wissen sucht, sollte nicht an seine Annehmlichkeiten denken, ebenso wenig wie Soldaten, Regierende, Studenten, Menschen, die nach Wohlstand streben, oder wichtige Dienstleistungsanbieter. Wer kreativ sein will und Abenteuer liebt, muss die Bequemlichkeit hinter sich lassen. Wer ehrgeizig ist und seine Ziele leidenschaftlich verfolgt, kümmert sich nicht um seine Bequemlichkeit. Für einen Weisen ist Verpflichtung gleichbedeutend mit Annehmlichkeit. Wenn sein Engagement verloren geht, fühlt er sich nicht mehr wohl. Für Faule ist Verpflichtung eine Qual und gleichzeitig ihr bestes Heilmittel. Auf lange Sicht wird Verpflichtung immer zu deinem Wohlbefinden beitragen.

Frage: Gibt es Verpflichtungen, die nicht eingehalten werden müssen?

Ja. Manchmal gehst du eine Verpflichtung ohne Weitblick ein und fühlst dich später, wenn deine Sichtweise sich erweitert, schlecht damit. Eine solche Verpflichtung, die du aus Kurzsichtigkeit eingegangen bist, kannst du aufgeben.

- Eine geringere, weniger wichtige Verpflichtung kann aufgegeben werden zugunsten einer bedeutsameren Verpflichtung.

- Eine Verpflichtung bezogen auf Mittel und Wege kann aufgegeben werden zum Wohle einer Verpflichtung mit Bezug auf das Ziel.

- Wenn eine Verpflichtung auf längere Sicht für viele Elend bedeutet, kann sie aufgegeben werden.

Bali, Indonesien
5. April 2001

Alle heiligen Schriften der Welt ehren das Opfer. Aber was ist denn ein Opfer?

Opfern heißt etwas aufgeben, das für dich wertvoll ist. Du kannst nur das opfern, was du gerne selbst behalten würdest, was dir Freude macht. Du kannst nicht etwas opfern, das du nicht magst oder nicht mehr haben möchtest.

Opfern bezieht sich immer auf einen höheren Zweck, auf ein höheres Gut. Aber wenn du dieses höhere Gut sehr liebst, erscheint dir alles andere wertlos. Dann wird das Opfer bedeutungslos, weil Liebe allein deine stärkste Antriebskraft ist. Wo so viel Liebe ist, kann es kein Opfer geben, und wo keine Liebe ist, gibt es kein Opfer.

Wenn eine Mutter ins Kino gehen will und erkennt, dass ihr Kind krank ist, sagt sie nicht, dass sie den Film opfert, um für ihr Kind zu sorgen, weil sie ganz einfach gar nicht mehr gehen möchte. Nichts anderes verlockt die Mutter noch, außer bei ihrem Kind zu sein.

Es ist für dich kein Opfer, etwas für diejenigen zu tun, die du liebst. Etwas zu opfern bedeutet, dass deine Freude an etwas wertvoller ist als das, wofür du opferst. Wenn Liebe lauwarm ist, gewinnt Opfer an Bedeutung. Opfer reinigt den menschlichen Geist und zügelt selbstsüchtige Neigungen. Es kann auch zu Stolz, Arroganz, Selbstmitleid oder gar Depression führen.

Du kannst nur das opfern, was dir viel wert ist. Ein Weiser schätzt nichts mehr als Wahrheit, menschliche Werte und das Göttliche. Die würde er nie opfern. Gott ist das Größte und wenn jemand das Größte verehrt, wie kann er dann Gott opfern? Das ist das Paradoxon des Opferns.

Rishikesh, Indien
15. März 2001

Nachdem er in den Ozean gemündet ist, ist der Fluss kein Fluss mehr. Er wird zum Ozean. Auch ein kleiner Tropfen des Ozeans ist Teil des Ozeans. Auf dieselbe Weise wird ein *Devotee* in dem Augenblick göttlich, in dem er sich dem Göttlichen hingibt. Wenn der Fluss sich in den Ozean ergießt, erkennt er, dass er vom Anfang bis zum Ende Ozean ist.
Genauso löst sich das individuelle »Ich« im Göttlichen auf.

Frage: Was ist dann Brackwasser?

Manchmal kommt der Ozean in den Fluss hinein, um ihn zu grüßen. Das mag zuweilen so aussehen, als ob er den Fluss zurückdrängen will. In ähnlicher Weise bringt Gott Fragen oder Zweifel in deinen Geist oder konfrontiert dich mit einer erstaunlichen Erfahrung, um dich heimzuführen.

Internationales Zentrum, Bangalore, Indien
28. September 2000

Weißt du, warum die Erde die Form einer Kugel hat?

Du kannst sie treten und sie rollt weg! Von dem Augenblick an, an dem du morgens aufwachst, bist du mit anderen Menschen zusammen und dein Geist ist mit weltlichen Dingen beschäftigt. Setz dich deshalb irgendwann während des Tages für ein paar Minuten hin, schließ die Augen, begib dich ins Innere deines Herzens und schieß die Erde wie einen Ball weg.

Aber sobald du die Augen wieder öffnest, halte den Ball fest, denn du musst ihn in der nächsten Sitzung wieder wegschießen.

Sei tagsüber zu hundert Prozent bei deiner Arbeit. Versuche nicht, dich davon zu distanzieren. Aber wenn du dich hinsetzt, um zu meditieren, dann löse dich vollständig von ihr. Nur wer in der Lage ist, sich vollständig von seiner Aufgabe zu lösen, kann die volle Verantwortung übernehmen.

Schließlich wirst du gleichzeitig unbeteiligt und beteiligt sein können. Schieß den Ball und treff das Ziel. Das ist die wahre Geschicklichkeit, die Kunst des Lebens.

Nordamerikanisches Zentrum, Montreal, Kanada
4. Januar 2001

Streng dich nicht an, um andere zu beeindrucken oder um dich auszudrücken. Deine Bemühungen, andere zu beeindrucken, werden vergeblich sein. Deine Bemühungen, dich selbst auszudrücken, werden für dich zu einem Hindernis. Wenn du nicht versuchst, andere zu beeindrucken, wird dein Ausdruck ganz natürlich. Wenn du aus dem Selbst kommst, ist dein Ausdruck vollkommen und du hinterlässt einen bleibenden Eindruck.

Oft scheinst du keine Kontrolle über deine Eindrücke und deinen Ausdruck zu haben. Weisheit bedeutet, dass du deine Eindrücke und deinen Ausdruck wählen kannst. Erleuchtung bedeutet, überhaupt keine Eindrücke zu haben, weder gute noch schlechte. Dann meisterst du die Kunst des Ausdrucks. Viele Eindrücke im Geist verursachen Verwirrung, Zerstreuung, Chaos, Unfähigkeit sich zu fokussieren und letztlich eine Störung im Geiste. Die Natur hat uns Fähigkeiten verliehen, mit denen wir einige der Eindrücke wieder beseitigen können durch Träume und Meditation.

Durch übermäßigen Ausdruck verlierst du an Tiefe, Glanz und Gelassenheit. Meditation beseitigt die Eindrücke und verbessert den Ausdruck.

Kalkutta, Indien
2. April 1998

Sri Sri Ravi Shankar in freudvoller Stimmung

Guruji vertieft in Meditation

Sri Sri bei einem Spaziergang in der Natur

Sri Sri im Gespräch mit Betroffenen der Tsunami-Katastrophe in Indien

Sri Sri hilft kranken Menschen

Rede in Bangalore, Indien

Sri Sri 2005 in Moskau bei einem internationalem Symposium

Rede vor der UN im Jahr 2000

Sri Sri mit dem Patriarch der äthiopisch-orthodoxen Kirche

Sri Sri beim Satsang

Rede in Norwegen 2008

Sri Sri in Meditation

Begegnung zwischen Guruji und einer Anhängerin

Sri Sri im Gespräch mit seinen Anhängern

S. H. Sri Sri Ravi Shankar

Reinige deinen Körper und reinige deine Seele. Reinige deinen Körper mit Wasser, deine Seele mit Wissen und deinen Geist mit *Prāṇāyāma* und *Sudarshan Kriya*. Es gibt keine Buße, die größer ist als *Prāṇāyāma*. Es ist die größte Buße.

Minsk, Russland
9. Oktober 1996

Friede ist deine Natur, dennoch bleibst du ruhelos.
- Freiheit ist deine Natur, dennoch bleibst du gefangen.
- Glück ist deine Natur, dennoch bleibst du aus diesem oder jenem Grund unglücklich.
- Zufriedenheit ist deine Natur, dennoch drehst du dich weiter im Karussell der Wünsche.
- Güte ist deine Natur, dennoch reichst du deine Hand nicht.
- Dich deiner Natur zu nähern ist *Sādhana*.
- *Sādhana* heißt, das zu werden, was du in Wirklichkeit bist.
- Deine wahre Natur ist Shiva.
- Und Shiva ist Friede, Unendlichkeit, Schönheit und der nicht duale Eine.

Rātri bedeutet »Zuflucht suchen«. *Shivarātri* bedeutet »Zuflucht suchen in Shiva«.

Rishikesh, Indien
16. März 2002

Der starke Drang, immer etwas tun zu müssen, ob wichtig oder unwichtig, hindert dich daran zu meditieren. Das Tun fängt immer mit einer Absicht an, die dann in Tätigkeit umgesetzt wird. Obwohl die Absicht dem Sein entspringt, lässt sie dich nicht zur Ruhe kommen, wenn sie zum »Tun« wird. Zuerst musst du alle Absichten fallen lassen, ob gut oder schlecht, wichtig oder unwichtig. Erst dann kann Meditation geschehen.

Frage: Ist das Aufgeben aller Absichten nicht auch eine Absicht?

Ja, aber diese Absicht ist notwendig und sie ist die letzte. Absichten fallen zu lassen ist keine Handlung. Allein die Absicht, sie fallen zu lassen, erfüllt den Zweck. Alle Absichten fallen zu lassen, und sei es nur für einen Moment, bringt dich in Kontakt mit deinem Selbst. Und in diesem Augenblick ereignet sich Meditation.

Während du sitzt, um zu meditieren, musst du die Welt so lassen, wie sie ist. Wiederholtes Meditieren ermöglicht dir, dich daran zu gewöhnen, ganz bewusst Tätigkeiten zu unterbrechen und wieder aufzunehmen. Die Fähigkeit, dies bewusst zu tun, ist eine sehr wertvolle Gabe.

Internationales Zentrum, Bangalore, Indien
29. Oktober 2001

Ruhe und Glücklichsein machen einen wirklichen Urlaub aus. Viele Menschen kommen aus den Ferien müde und sonnenverbrannt zurück und brauchen dann einige Tage, um sich zu erholen. Wirkliche Ferien ermüden dich nicht, sondern bringen dir neue Energie. Nichts bringt dir mehr Energie als Wissen. Also denk daran:

- Zweifel und Klagen lassen dich nicht zur Ruhe kommen.
- Mach dir im Augenblick der Abfahrt klar, dass deine Ferien begonnen haben.
- Viele Menschen erwarten, einen Höhepunkt des Glücks zu finden. Genieße jeden Augenblick der Reise, wie es Kinder tun. Warte nicht damit, bis du am Ziel angekommen bist.
- Wenn du an einem Ort nicht glücklich sein kannst, kannst du es auch an keinem anderen sein. Wenn du das eine Boot nicht rudern kannst, kannst du auch kein anderes Boot rudern.
- Um in deinen Ferien höchste Zufriedenheit zu finden, musst du etwas Kreatives tun – und dich in *Seva* engagieren.
- Vergiss niemals, Meditation und Gebet in dein Ferienprogramm aufzunehmen.
- Wenn deine Tage heilig (holy) sind, ist jeder Tag ein Ferientag (holiday).

Neu Delhi, Indien
31. März 2002

Bist du besonders oder gewöhnlich? Während du auf dem spirituellen Weg bist, was macht dich so besonders? Deine Wahrnehmungsfähigkeit, deine Beobachtungsgabe und dein Ausdruck haben sich verbessert. Das, was dich sehr gewöhnlich macht auf dem spirituellen Pfad ist, dass du besonders bist. Ein jeder glaubt, dass er auf seine Art etwas ganz Besonderes ist.

Deine Wahrnehmungsfähigkeit hat sich verbessert. Du siehst hinter dem Vordergründigen die wahre Ursache – das Göttliche – und du siehst den großen Plan hinter den alltäglichen Kleinigkeiten. Du vermutest keine Absicht hinter einem Fehler, den jemand macht. Und du bist nicht wie der ungläubige Thomas, der Apostel der an Jesus zweifelte.

Deine Beobachtungsgabe hat sich verbessert. Bevor du auf den spirituellen Weg kamst, hast du nie deine Gefühle beobachtet. Jetzt beobachtest du deine Gefühle, positive wie negative, Liebe wie Hass, Zorn wie Mitgefühl, Schmerz wie Freude.

Dein Ausdruck hat sich verbessert. Jeder Mensch besitzt in seinem Kern alle guten Eigenschaften. Wer in Stress und Unglück lebt, kann diese guten Eigenschaften nicht zum Ausdruck bringen. Aber du hast ihnen Ausdruck verliehen.

Grimstad, Norwegen
28. August 1996

In deinem Alltag bist du oftmals sehr in Eile. Wenn du in Eile bist, bist du nicht in der Lage, die Dinge richtig wahrzunehmen. Das nimmt deinem Leben seinen Reiz, seine Spannung und seine Schönheit. Du kannst der Wahrheit nicht näher kommen, wenn du in Eile bist, weil deine Wahrnehmung, deine Beobachtungsgabe und dein Ausdruck verzerrt sind.

Die Eile, sich auf Vergnügen zu stürzen, raubt dir die Lebensfreude und dir bleibt das Glück und die Freiheit des Hier und Jetzt vorenthalten.

Oft weißt du nicht einmal, warum du es so eilig hast. In Eile zu sein wird fast zur Normalität. Wach auf und nimm wahr, welche Hast in dir steckt.

Es ist lächerlich, langsamer werden zu wollen, wenn du es eilig hast. Die Eile wird sich von selbst legen, sobald du sie bewusst wahrgenommen hast. Langsamer zu werden heißt nicht, zu zaudern oder träge zu werden. Du verfällst sehr leicht in die Extreme – Hast oder Trägheit. Eile wird verursacht durch Fiebrigkeit und Fiebrigkeit entsteht aus einem Mangel heraus, aus dem Bedürfnis, etwas erreichen zu wollen. Dynamik ist ein Ausdruck von Erfüllung. Die goldene Regel heißt: »Sei wach«, und wenn du wach bist, dann kannst du nicht anders als dynamisch sein.

Erkenne in diesem Augenblick, dass du wach bist!

Gangtok, Sikkim, Indien
7. April 2002

Kreativität schafft einen Neubeginn in der »Zeit«. Wenn du kreativ bist, durchbrichst du die Monotonie der Zeit. Alles wird wieder frisch und lebendig. Kreativität löst eine neue Woge der Begeisterung in dir aus. In der Natur sind Kreativität und Fortpflanzung immer mit Begeisterung verbunden. Du bist mit dem schöpferischen Prinzip des Lebens mehr verbunden, wenn du begeistert bist.

Tiefe Stille ist die Mutter der Kreativität. Jemand, der sehr beschäftigt, sorgenvoll, sehr ehrgeizig oder träge ist, kann nicht kreativ sein. Eine gesunde Mischung aus Aktivität, Ruhe und *Yoga* kann deine Kreativität und deine Fähigkeiten zur Entfaltung bringen.

Europäisches Zentrum, Bad Antogast, Deutschland
6. August 2002

Wenn Menschen Vergangenes als Ergebnis ihres freien Willens ansehen, sind sie voller Reue und Bedauern. Wenn sie zukünftige Ereignisse als schicksalhaft ansehen, werden sie leicht träge und faul.

Ein weiser Mensch betrachtet Vergangenes als Schicksal und Zukünftiges als dem freien Willen unterworfen. Wenn du Vergangenes als Schicksal ansiehst, kommen keine weiteren Fragen hoch und der Geist bleibt ruhig. Und wenn du die Zukunft als Spielraum deines freien Willens betrachtest, bist du voller Begeisterung und Tatkraft. Natürlich sind eine gewisse Unsicherheit und Ängstlichkeit vorhanden, wenn du die Zukunft als Spielraum deines freien Willens betrachtest, aber daraus können auch Wachheit und Kreativität erwachsen.

Frage: Wie werden wir die Ängstlichkeit los?

Durch Vertrauen in das Göttliche und durch *Sādhana*.

Betrachte die Vergangenheit als Schicksal, die Zukunft als Spielraum des freien Willens und die Gegenwart als göttlich.

Neu Delhi, Indien
5. September 2002

Als jemand zu Sri Sri Ravi Shankar sagte: »Ich habe einen Grundbesitz, den du als *Ashram* nutzen könntest«, antwortete er: »Ich will, dass jedes Haus ein *Ashram* ist.«

Wie viele von euch betrachten ihr Heim als einen *Ashram*? Wenn nicht, was fehlt deinem Heim dazu, ein *Ashram* zu sein? Wo liegen die Hindernisse? Was macht deiner Meinung nach einen *Ashram* aus?

Weggis, Schweiz
11. Januar 1996

Was ist der Unterschied zwischen einem Touristen und einem Pilger?

Beide befinden sich auf einer Reise. Während ein Tourist seine Sinne befriedigt, ist der Pilger auf der Suche nach der Wahrheit. Ein Tourist wird braungebrannt und müde, während ein Pilger vor Geist sprüht. Jeder Schritt eines Pilgers geschieht mit Heiligkeit und Dankbarkeit, wohingegen ein Tourist oft voreingenommen und unachtsam ist.

Ein Tourist vergleicht seine Reiseerlebnisse mit anderen Erfahrungen an anderen Orten und ist deshalb nicht im gegenwärtigen Augenblick. Ein Pilger jedoch hat ein Gefühl für Heiligkeit, deshalb tendiert er dazu, im gegenwärtigen Augenblick zu sein.

Die meisten Menschen sind Touristen, ohne sich dessen gewahr zu sein. Nur wenige machen aus ihrem Leben eine Pilgerreise. Touristen kommen, schauen sich um, machen Fotos in ihrem Geist, nur um wieder zurückzukommen. Pilger sind überall zu Hause - sie sind hohl und leer.

Wenn du das Leben als heilig ansiehst, wird die Natur für dich sorgen.

Bist du ein Tourist oder ein Pilger?

Jamshedpur, Indien
3. November 2000

Normalerweise finden Menschen mit ähnlichen Neigungen schnell zueinander. Intelligente Menschen tun sich zusammen, die Dummen, die Glücklichen und die Ehrgeizigen tun sich mit ihresgleichen zusammen und diejenigen, die sich ständig ärgern, treffen sich auch, um ihre Probleme zu feiern.

Verärgerte Menschen kommen zusammen, sie beklagen sich und ziehen sich gegenseitig herunter. Frustrierte Menschen können nicht mit jemandem zusammen sein, der glücklich ist, weil der andere nicht nach ihrer Pfeife tanzt. Du fühlst dich nur wohl bei Menschen, die dieselbe Wellenlänge haben. Intelligente Menschen fühlen sich in der Gesellschaft von Dummen unwohl. Dumme Menschen haben das Gefühl, dass intelligente Menschen herzlos sind. Der Weise fühlt sich mit den Verärgerten, den Glücklichen, den Dummen und den Intelligenten zu Hause. Umgekehrt fühlen sich Menschen mit all diesen Neigungen bei einem Weisen zu Hause.

Schau dich einmal in deinem Freundeskreis um und achte darauf, was da vor sich geht. Bist du dankbar oder meckerst du oft? Übernimm die Verantwortung dafür, die Menschen um dich herum aufzubauen. Das ist *Satsang*, nicht einfach nur zu singen und dann nach Hause zu gehen.

Der Weise ist wie der Himmel, wo alle Arten von Vögeln fliegen.

Nordamerikanisches Zentrum, Montreal, Kanada
17. Juli 2002

Diejenigen, die für ihre Rechte kämpfen, sind schwach, denn sie kennen ihre innere Stärke und ihren Großmut nicht. Je schwächer du bist, desto mehr verlangst du dein Recht. Auf deinem Recht zu bestehen, isoliert und verarmt dich. Menschen, die für ihre Rechte kämpfen, sind stolz darauf. Das ist ein unwissender Stolz. Du musst erkennen, dass niemand dir deine Rechte wegnehmen kann. Sie gehören dir.

Der Mutige verzichtet auf sein Recht. Das Ausmaß, in dem du auf deine Rechte verzichtest, ist ein Zeichen deiner Freiheit und Stärke. Je stärker du bist, desto mehr kannst du auf dein Recht verzichten. Nur wer Rechte hat, kann auf sein Recht verzichten.

Wenn du deine Rechte verlangst, bekommst du sie nicht wirklich. Und wenn du darauf verzichtest, verlierst du sie nicht wirklich.

- Arm sind, die ihr Recht verlangen.
- Reicher sind, die wissen, dass niemand ihnen ihr Recht nehmen kann.
- Am reichsten sind, die auf ihr Recht verzichten.
- Auf seinem Recht zu bestehen, zeugt von Unwissenheit, Schmerz.
- Zu wissen, dass niemand dir dein Recht nehmen kann, bedeutet Freiheit.
- Auf sein Recht zu verzichten, zeugt von Liebe und Weisheit.

St. Louis, Missouri, USA
24. Juni 1998

Ehre beschränkt die Freiheit. Dein Ruhm, deine Ehre und deine Tugend können deiner Freiheit enge Grenzen setzen.

Niemand geht davon aus, dass ein guter Mensch einen Fehler macht. Je besser du bist, desto höher sind die Erwartungen, die in dich gesetzt werden. Dadurch verlierst du deine Freiheit. Deine Tugenden und guten Taten sind wie ein goldener Käfig. Du bist durch deine guten Taten in eine Falle geraten, denn jeder erwartet mehr Gutes von einem guten Menschen. Niemand erwartet irgendetwas von einem schlechten Menschen.

Die meisten Menschen sind in diesem Käfig von Ansehen und Ehre gefangen. Sie können nicht lächeln. Sie sorgen sich ständig darum, ihr Ansehen und ihre Ehre zu wahren. Das wird ihnen wichtiger als ihr eigenes Leben. Gut zu sein und Gutes zu tun nur um der Ehre und des Ansehens willen ist wertlos. Ansehen und Ehre können mehr Elend im Leben verursachen als Armut.

Viele Menschen wollen berühmt werden, doch sie ahnen nicht, dass das bedeutet, in einem Käfig zu leben.

Es ist eine Kunst, gewürdigt und dennoch dadurch nicht erdrückt zu werden. Nur der Weise hat diese Kenntnis. Für einen Weisen ist es ganz natürlich, angesehen zu sein, aber er kümmert sich nicht darum, selbst wenn er an Ansehen verliert. Trotz seines Ruhmes und seines Ansehens wird er so leben, als hätte er beides nicht. Ein weiser Mensch kann mit allem Ruhm leben, ohne sich erdrückt zu fühlen.

Durch gute Taten kannst du Ansehen in der Gesellschaft gewinnen. Wenn du dann dieses Ansehen und die Ehre genießt, verlierst du deine Freiheit.

Frage: Wie bewahrst du dann deine Freiheit?

Indem du wirst wie ein Kind, indem du die Welt als Traum, als Last oder als Witz ansiehst.

Panama City, Panama
3. Mai 2001

Die Menschen, mit denen du verkehrst, können dich erheben oder hinunterziehen. Zuerst fühlst du dich angezogen, danach bist du enttäuscht. Das lässt deinen Geist zwischen den zwei Extremen hin und her pendeln und verursacht so Liebe und Hass. Mit der Kraft des Wissens und *Satsang* kannst du aus diesem Dilemma herauswachsen.

Internationales Zentrum, Bangalore, Indien
2. Mai 1996

Das Leben wird von zwei Faktoren bestimmt von deinen inneren Neigungen und von äußeren Einflüssen.

Innere Neigungen bestimmen deine Haltung und dein Verhalten, während äußere Einflüsse starke Eindrücke in deinem Geist hinterlassen. Deine Neigungen schaffen oft äußere Situationen und diese Situationen, in denen du dich befindest, können bestimmte Neigungen in dir erzeugen. Das nennt man Karma. Beide Faktoren – die Neigungen in deinem Inneren und die äußeren Einflüsse – können entweder nützlich oder schädlich sein.

Das Bewusstsein filtert die negativen äußeren Einflüsse und es ist das Gewahrsein, das die ungesunden Neigungen in dir korrigiert und beseitigt. Dieses Gewahrsein nennt man *Gyāna*. Der Sinn der Erziehung ist es, das Gewahrsein zu entwickeln, sodass du in Bezug auf deine Neigungen und die Einflüsse sorgfältig auswählen kannst.

Es ist praktisch unmöglich, äußeren Einflüssen und eigenen Neigungen zu widerstehen, ohne das eigene Bewusstsein anzuheben. Dies kann schrittweise geschehen oder plötzlich.

So hat ein menschliches Wesen gleichzeitig ein Schicksal und einen freien Willen. Du bist frei, wenn du über deine Neigungen und Einflüsse bestimmen kannst, aber nur Bewusstsein und völlige Hingabe können diese Freiheit bringen.

Stockholm, Schweden
20. Juni 2001

Nigraha bedeutet »Kontrolle«.
Āgraha bedeutet »auf etwas beharren«.
Satyagraha bedeutet »unerschütterliche Entschlossenheit«.
Duragraha bedeutet »blinde Unnachgiebigkeit, rücksichtslose Sturheit«.

Diese vier Eigenschaften erlauben dir Fortschritte zu machen, wenn sie für eine begrenzte Zeitspanne praktiziert werden, und sie werden begrenzte Resultate ergeben, positive oder negative. Aber wenn du sie über lange Zeit ausübst, werden sie das gesamte Potenzial deines Lebens vernichten. Du musst über diese vier Eigenschaften hinauswachsen, um Frieden zu erreichen.

Freiheit ist da, wenn du über alle vier – Kontrolle, Beharren, Entschlossenheit und Unnachgiebigkeit – hinausgewachsen bist. Sie sind unvermeidlich, um das Leben zu vereinfachen, aber du musst über sie hinauswachsen, um frei sein zu können.

Washington, D.C., USA
3. Juli 2002

Wenn du dem Vergnügen folgst, wird das Elend dir folgen.
Wenn du dem Wissen folgst, wird das Vergnügen dir folgen.

Jakarta, Indonesien
10. April 1996

Worte haben Bedeutungen, die wir verdrehen. Das Wort »Gehirnwäsche« zum Beispiel deutet an, dass dein Gehirn von Zeit zu Zeit gewaschen werden muss. Du willst ja nicht mit einem schmutzigen Gehirn, einem schmutzigen Geist herumlaufen. Was ist also falsch an dem Wort »Gehirnwäsche«? Es weist auf ein sauberes Gehirn, einen klaren Geist hin, aber es ist negativ belegt.

Das Gleiche gilt für das Wort »Enttäuschung«. Es ist gut, wenn du ent-täuscht wirst. Das bedeutet, dass du in der Wirklichkeit angekommen bist. *Purāna* bedeutet »das Neueste in der Stadt, das Modernste«, aber heutzutage wird es im Sinne von »Altsein« gebraucht. Das englische Wort »enthused« kommt aus dem Griechischen und bedeutete ursprünglich »Gott ist mit uns«. Dann bekam es die Bedeutung von »verrückt« und heute hat sich die Bedeutung wieder verändert in »begeistert sein«. Im Laufe der Zeit verändert sich die Bedeutung der Worte.

Halte dich nicht mit Worten auf! Deine Sorgen sind Worte. Deine Ideen sind Worte. Weisheit ist jenseits aller Worte. Sie ist das absolute Sein. Sie ist die Essenz aller

Worte. Erkenne dies und verbinde dich jenseits von Worten. Dann gibt es keine Lügen in deinem Leben.

Wenn du Worte manipulierst, ist das eine Lüge. Wenn du mit Worten spielst, ist das ein Scherz. Wenn du dich auf Worte verlässt, ist das Unwissenheit. Wenn du jenseits der Worte bist, ist das Weisheit.

Bali Cliff Resort, Indonesien
18. April 1996

Worüber sollen wir heute sprechen? Ist es sinnvoll, über etwas zu sprechen, wovon ihr nichts wisst? Es ist sinnlos, über etwas zu reden, das ihr bereits wisst, und es ist sinnlos, über etwas zu reden, von dem ihr nichts wisst.

Das Lernen hat kein Ende, aber das Verlernen hat ein Ende. Das geschieht, wenn du ganz hohl und leer geworden bist.

Europäisches Zentrum, Bad Antogast, Deutschland
5. Juni 1996

Sri Sri Ravi Shankar wanderte mit einigen *Devotees* am Strand entlang in der Nähe einer riesigen Entsalzungsanlage, die aus Meerwasser Trinkwasser macht. In der Nähe stand eine Kokospalme. Sri Sri Ravi Shankar erklärte, dass diese Palme eine natürliche Entsalzungsanlage sei. Sie nimmt Salzwasser aus der Erde auf und macht daraus Kokosmilch.

Das Wissen ist wie diese Kokospalme - es holt uns aus salzigem Morast heraus in pure Glückseligkeit.

Dallas, Texas, USA
22. Januar 1997

Wenn ein materialistischer Mensch dir ein Geheimnis verrät, wird dir unbehaglich und du beginnst zu zweifeln. Wenn ein weiser oder spiritueller Mensch dir ein Geheimnis verrät, erweitert sich dein Bewusstsein und es verbreitet sich Wohlgefühl.

Internationales Zentrum, Bangalore, Indien
7. Oktober 2000

Das Wissen ist auf verschiedenen Bewusstseinsebenen ganz unterschiedlich. Auf einer bestimmten Bewusstseinsebene wirst du *Anasūya* erreichen. Dies ist ein Bewusstseinszustand, in dem du keinerlei Fehler mehr siehst. Wenn ein Spiegel beschlagen ist, musst du ihn säubern. Aber wenn deine Augen den grauen Star haben, hilft es nicht, den Spiegel zu säubern. Zuerst müssen deine Augen behandelt werden, dann siehst du, dass der Spiegel sauber ist.

Es gibt Menschen, die finden immer irgendeinen Fehler, selbst unter den besten Bedingungen. Selbst wenn Menschen mit dieser Einstellung das Beste haben, finden sie immer noch Fehler. Auch an dem bestmöglichen Partner, dem schönsten Gemälde werden sie etwas auszusetzen haben. Mit dieser Einstellung kannst du kein heiliges Wissen erwerben. Krishna sagte zu Arjuna, dass er ihm ein königliches Geheimnis verraten wolle, weil er den Zustand von *Anasūya* erreicht habe: »Du findest keinen Fehler an mir, obwohl du mir so nahe bist.«

Aus weiter Ferne kann man nicht einmal Krater sehen und selbst eine glatte Oberfläche hat Unebenheiten und kleine Löcher. Wenn du nur an den Löchern interessiert bist, kannst du die Großartigkeit der Dinge nicht wahrnehmen. Wenn du nicht im Zustand von *Anasūya* bist, kann das Wissen nicht in dir erblühen und es hat keinen Sinn, dir Wissen zu geben.
Frage: Was ist der Unterschied zwischen Unterscheidungsfähigkeit und Weisheit?
Wenn es deine Sichtweise ist, deine Wahrnehmung, dann hast du Urteilskraft. In dem Augenblick, in dem du

den spirituellen Weg verlässt, kommt dir alles falsch vor. Das ist nicht *Anasūya*. Beispielsweise kannst du nach einer zehnjährigen Freundschaft plötzlich nichts Gutes mehr an der Beziehung erkennen, du findest nur noch Fehler. Wenn du jedoch merkst, dass deine Sicht der Dinge verkehrt ist – wenn du deinen grauen Star bemerkt hast – ist das Problem nur noch halb so groß. Es gibt hier einen feinen Unterschied. Anstatt zu sagen: »Ich sehe alles ganz undeutlich«, sagst du: »Die ganze Welt ist verschwommen.« Stell dir vor, jemand will durch eine Tür hindurchgehen, aber es ist windig, also schließt du die Tür. Wenn diese Person denkt, dass ihm die Tür vor der Nase zugeschlagen wurde, dann ist das *Asūyā*, nicht *Anasūya*. Die meisten Menschen denken so.

Asūyā bedeutet »Fehler finden«. Es ist ein Zustand, in dem du überall böswillige Absichten siehst. Es ist wie bei einem Kind, das sagt: »Mutter, du hast mich nicht lieb.« Dieses Kind verkennt die Lage. Wer könnte das Kind mehr lieben als seine eigene Mutter? Das ist wie bei einem Menschen, der kommt und sagt: »Guruji, du liebst mich nicht.« Wenn ich ihn nicht liebte, niemand auf der Welt könnte ihn lieben. Wo könnte er sonst noch Liebe finden? Nirgendwo. Eine Mutter mag enttäuscht werden, aber ein Meister niemals.

Frage: Kann jemand *Anasūya* erreichen, ohne erleuchtet zu sein?

Nicht immer. Dies ist eine Ausrede. Um Erleuchtung zu erreichen, musst du diese Sichtweise haben.

London, Großbritannien
24. August 1995

Wissen muss richtig verdaut werden und die Unfähigkeit zu verdauen verursacht:

- Ein falsches Ego, das unheilbar ist.
- Desinteresse, Dinge als gegeben hinnehmen, Mangel an Gewahrsein.
- Vertraulichkeit ohne echtes Verständnis, ohne Tiefe. Oberflächlichkeit.
- Einen Hang zum Predigen.
- »Sodbrennen«.
- Das Nutzen von Wissen für die eigenen kleinen Ziele.
- Hartnäckigkeit und Sturheit.

Wenn du Gott liebst, kannst du das Wissen auch verdauen. Liebe ist der Aperitif, Wissen der Hauptgang, *Seva* ist die Umsetzung. Ohne Liebe und *Seva* ist das Wissen unverdaulich.

Los Angeles, Kalifornien, USA
30. Januar 1997

Um dich selbst erkennen und deine Handlungsweise beurteilen zu können, musst du wissen, was *Tarka*, *Vitarka* oder *Kutarka* ist.

Kutarka ist falsche Logik. Die meisten Menschen benutzen diese Art von Logik und bleiben in Unwissenheit. Zum Beispiel: Ist die Tür halb geöffnet, bedeutet das, sie ist halb geschlossen. Ist sie also ganz geöffnet, bedeutet das, sie ist ganz geschlossen. Ein anderes Beispiel: Gott ist Liebe. Liebe ist blind. Also ist Gott blind.

Tarka ist sequenzielle Logik, die naturwissenschaftliches Wissen erweitert. Wenn sich diese Denkweise ändert, ändern sich auch die wissenschaftlichen Schlussfolgerungen. Zum Beispiel wurden Pestizide und Antibiotika als nützlich und harmlos angesehen; mittlerweile ist jedoch bewiesen, wie schädlich sie sein können. In *Tarka* verändern sich Paradigmen.

Vitarka bedeutet Fragen zu stellen, auf die es keine eindeutige Antwort gibt, Fragen wie »Wer bin ich?«, »Wo stehe ich?«, »Was will ich wirklich?«. Die Beschäftigung mit diesen philosophischen Fragen erweitert dein spirituelles Wissen, dein Gewahrsein und dein Bewusstsein. *Ātma gyan* vermehrt sich.

Ein weiser Mensch weiß zwischen diesen dreien zu unterscheiden. Er wird nicht *Kutarka* oder *Tarka* anstelle von *Vitarka* anwenden oder *Vitarka* anstatt *Tarka* benutzen.

Internationales Zentrum, Bangalore, Indien
9. April 1998

Ein weiser Mensch gibt sich keine Mühe, um ein Geheimnis zu hüten, er bemüht sich aber auch nicht, ein Geheimnis zu lüften. Zum Beispiel wirst du mit einem fünfjährigen Kind nicht über die Menstruation oder den Tod sprechen. Später bleibt das selbstverständlich nicht verborgen. Im Laufe der Zeit werden sie damit vertraut.

Ein Mensch, der nicht erleuchtet ist, bemüht sich, ein Geheimnis zu hüten, oder er lüftet das Geheimnis zur falschen Zeit, der falschen Person, am falschen Ort. Und er macht ein großes Getue um Geheimnisse. Der Versuch, ein Geheimnis zu bewahren, erzeugt Ängstlichkeit und Unbehagen.

Ein Unwissender fühlt sich nicht wohl mit Geheimnissen, ganz gleich, ob sie noch gehütet werden oder schon gelüftet sind. Ein weiser Mensch fühlt sich mit jeder Art von Geheimnissen wohl.

Internationales Zentrum, Bangalore, Indien
16. Dezember 1999

Einem räsonierenden Menschen sollte kein Wissen vermittelt werden. Ein streitsüchtiger Geist ist nicht empfänglich für Wissen. Wenn jemand in einer streitsüchtigen Stimmung ist, dann ist Vermitteln von Wissen oder guter Rat vergeblich. Er hat das Gefühl, bereits alles zu wissen, deshalb ist er nicht bereit für das Wissen. Darum geben weise Menschen keinen Rat, wenn sie in einer streitbaren Umgebung sind.

Auseinandersetzungen haben einen Sinn. Sie können die Wahrheit zum Vorschein bringen, jedoch nur, wenn sie ohne Emotionen, ohne Ego geführt werden. Sie können auch zum Nachteil sein. Sie können die Unwahrheit als Wahrheit erscheinen lassen. Ein weiser Mensch nimmt Auseinandersetzungen nicht ernst. Er hat seinen Spaß dabei. Weisheit ist jenseits aller Auseinandersetzungen.

Lake Tahoe, Kalifornien, USA
12. Juli 2000

Es gibt zwei Arten von Wissen: Das reine Wissen und das angewandte Wissen.
Angewandtes Wissen kann dir unmittelbar und direkt nützlich sein, das reine Wissen ist nicht sofort anwendbar, nützt dir jedoch auf lange Sicht.

Sei nicht entmutigt, wenn du Dinge, die du gelernt und verstanden hast, nicht sofort in die Tat umsetzen kannst. Irgendwann in der Zukunft wird dir dein Wissen von Nutzen sein, wenn du es bis dahin nicht verworfen hast.

Häufig verwerfen Menschen das reine Wissen, weil es nicht sofort umsetzbar ist. In Wahrheit ergänzen sich diese beiden Arten von Wissen. Angewandtes Wissen bleibt ohne das reine Wissen schwach. Und reines Wissen bleibt ohne das angewandte Wissen unerfüllt. Betrachte und verwerfe Wissen nicht als untauglich und halte dich selbst nicht für schwach und unwürdig, wenn du es in deinem Alltag nicht gleich umsetzen kannst.

Manchmal – wenn du allein in der Natur bist, ganz ruhig spazieren gehst, den Sand am Strand betrachtest, einen Vogel am Himmel siehst oder meditierst – wird plötzlich das Wissen in dir auftauchen und du wirst erkennen, dass es dein Leben durchdringt.

Palo Alto, Kalifornien, USA
11. Mai 2002

Die Technik dient dazu, den Menschen die Natur nutzbar zu machen sowie uns Informationen und Annehmlichkeiten zu verschaffen. Wenn die spirituellen Werte - die menschlichen Werte - missachtet oder vernachlässigt werden, bringt uns die Technik Angst und Zerstörung, anstatt Annehmlichkeit.

Technik ohne menschliche Werte betrachtet die Natur als totes Objekt. Die Wissenschaft gibt uns Einblick in das Leben der Natur und Spiritualität lässt Natur lebendig werden. Für Kinder gibt es nichts Totes auf der Welt - Tiere, Bäume, Sonne und Mond - alles lebt, alles hat Gefühle. Aber einem gestressten, unwissenden Erwachsenen erscheinen selbst Menschen als Roboter, sprich Objekte.

Technik ohne Spiritualität ist zerstörerisch. Spiritualität ist die Technik des Bewusstseins und die ganze Welt ist das Spiel und Widerspiegelung des Bewusstseins.

Europäisches Zentrum, Bad Antogast, Deutschland
3. August 2000

Menschen, die auf dem spirituellen Weg sind, schauen oft von oben herab auf die Geschäftsleute. Spiritualität wiederum wird von den Geschäftsleuten als nicht praktizierbar erachtet.

Die Menschen in der Antike haben erkannt, dass die Spiritualität das Herz ist und die Geschäfte die Beine sind. Ein Individuum oder eine Gesellschaft ist ohne diese zwei Anteile unvollständig. Geschäfte sorgen für materielles Wohlergehen und die Spiritualität sorgt für das geistige und seelische Wohlbefinden. Spiritualität bringt Ethik und faires Verhalten in das Geschäftsleben.

Wenn im Körper-Geist-Komplex entweder dem Körper oder dem Geist das Wohlbefinden verloren geht, sind beide Anteile des Wohlbefindens beraubt. Du kannst nicht zu den Ärmsten der Armen über Spiritualität sprechen, wenn deren einfachsten Bedürfnisse nicht erfüllt sind. Sie müssen materiell unterstützt werden.

Auf dieser Welt gibt es keine Spiritualität ohne ehrenamtliche Unterstützung und die kann nicht umgesetzt werden, wenn materielle Bedürfnisse ignoriert werden. Dienen kann nicht nur durch Lippenbekenntnisse geschehen, du brauchst dazu auch deine Hände, um die Arbeit zu leisten.

Jedes System hat seine Fehler. Der Kapitalismus beutet die Armen aus, während der Sozialismus die Kreativität des Einzelnen und den Unternehmungsgeist unterdrückt. Spiritualität ist die Brücke zwischen Sozialismus und Kapitalismus. Sie öffnet dem Kapitalisten das Herz für das selbstlose Dienen und inspiriert die Sozialisten dazu, kreativ zu werden.

New York City, New York, USA
2. Februar 2002

Scheue dich nicht, über menschliche und spirituelle Werte zu sprechen. Die Zeit ist gekommen, die ganze Welt zu diesen Prinzipien aufzurufen.

Es ruft das All.
Es rollt der Ball.
Es mahlt die Zeit.
Die Seele ist bereit …

Europäisches Zentrum,
Bad Antogast, Deutschland
Silvester 1997

Der Kommunismus hat drei Ziele: Der Gier der feudalen und kapitalistischen Gesellschaften sowie dem Fanatismus und Fundamentalismus religiöser Gesellschaftssysteme Einhalt zu gebieten, für die Bedürftigen zu sorgen und die Ressourcen mit ihnen zu teilen.

- Nur Spiritualität kann dem Kommunismus Erfüllung bringen.
- Nur Spiritualität beseitigt die Gier und öffnet die Herzen der Reichen, um den Bedürftigen zu helfen.
- Nur Spiritualität beseitigt den Fanatismus und Fundamentalismus religiöser Gruppen und erzeugt ein Gefühl der Zusammengehörigkeit mit der ganzen Welt.
- Nur Spiritualität kultiviert Warmherzigkeit und Hilfsbereitschaft.
- Nur Spiritualität führt zu Aufgeschlossenheit und zu einer fortschrittlichen Einstellung.

Der Kommunismus kann seine Ziele nicht ohne Spiritualität erreichen. Es ist unmöglich und die Geschichte hat es bewiesen. Spiritualität stärkt den Kommunismus.

Internationales Zentrum, Bangalore, Indien
16. April 2002

Sri Sri Ravi Shankar war mit einer Gruppe von Menschen auf der Veranda seines Hauses, als er Kashi bat, einige Süßigkeiten aus dem Haus zu holen. Kashi kam zurück und sagte, er könne keine finden. Er ging zurück ins Haus und kam erneut ohne Süßigkeiten zurück, insgesamt dreimal. Dann ging Sri Sri hinein, kam mit den Süßigkeiten zurück und verteilte sie an alle.

Genauso passiert es im Leben. Viele sehnen sich nach der Süße im Leben. Einige suchen verzweifelt, aber nur einer findet sie. Und wenn er sie findet, verteilt er sie an alle.

Internationales Zentrum, Bangalore, Indien
7. Dezember 1999

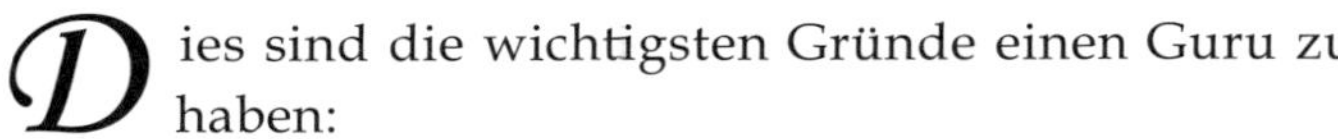

Dies sind die wichtigsten Gründe einen Guru zu haben:

- Du willst, dass deine Wünsche erfüllt werden.
- Du findest es viel angenehmer.
- Du suchst Trost, weil alles andere schmerzhafter ist.
- Du willst dich entwickeln und erleuchtet werden. Du möchtest höheres Wissen erlangen.
- Du hast dasselbe Ziel oder dieselbe Vision wie dein Guru, den du als Missionar oder Visionär ansiehst, der dir helfen kann, dein Ziel zu erreichen.
- Du bist einfach da, um zu dienen und für andere zu sorgen.
- Du gehörst zu deinem Guru. Du hast gar keine Wahl.

Europäisches Zentrum, Bad Antogast, Deutschland
12. Januar 2000

Im Orient sind die Menschen stolz darauf, einen spirituellen Meister zu haben. Ein Meister ist ein Symbol für Sicherheit, Liebe und ein Zeichen von großem Reichtum. Bei einem Guru zu sein ist wie bei seinem höheren Selbst zu sein. Keinen Meister zu haben wurde als Unglück angesehen. Nicht die elternlosen Kinder waren Waisen, sondern diejenigen, die keinen spirituellen Meister hatten. Im Westen hingegen wird es als beschämend und als Zeichen von Schwäche angesehen, einen Guru zu haben, denn hier glaubt man, dass Gurus Menschen zu Sklaven machen.

Im Orient sind die Menschen stolz darauf, für jeden Lebensbereich einen Guru zu haben: Einen religiösen Guru = *Dharmaguru*, einen Familienguru = *Kulaguru*, einen Guru für das Königreich = *Rajguru*, einen Guru für eine spezielle Disziplin = *Vidyāguru* und einen spirituellen Guru = *Sadguru*.

Im Orient sorgen die Meister dafür, dass sich ihre Schüler sehr stark fühlen, während man im Westen glaubt, dass ein Meister die Menschen schwächt. Im Westen ist ein Meister jemand, der motiviert und Wettbewerb fördert. Im Orient gibt ein Meister den Menschen ein tiefes Gefühl der Zusammengehörigkeit und ermöglicht ihnen, ihre begrenzte Identität in die Unendlichkeit aufzulösen.

Europäisches Zentrum, Bad Antogast, Deutschland
9. August 2001

Ist dein Guru für deine Erleuchtung verantwortlich? Wenn ja, und du wirst nicht erleuchtet, dann ist ihm die Schuld zu geben. Wenn du die Freiheit findest, ist dein Guru wieder dafür zu tadeln, weil er zu deinen Gunsten parteiisch war. Wenn dein Guru dich befreien kann, dann kann er auch die ganze Welt befreien. Somit ist dein Guru nicht für dein Erwachen verantwortlich und doch ist Befreiung ohne einen Guru nahezu unmöglich.

Ein Guru ist verantwortlich und auch nicht verantwortlich. Das ist ein Mysterium.

Internationales Zentrum, Bangalore, Indien
25. Mai 2000

Es ist die Pflicht eines Schülers, seinen spirituellen Meister zufriedenzustellen. Aber wie kannst du jemanden zufriedenstellen, der bereits zufrieden ist? Wenn dein Guru zufrieden ist, wird dein Wachstum verlangsamt, aber wenn er unzufrieden ist, ist er nicht im Selbst.

Wenn dein Guru zufrieden ist, was kann dich dann zu weiterem Wachstum beflügeln? Ist er unzufrieden, kann er kein Guru sein. Auch wenn er zufrieden ist, kann er kein Guru sein.

Was ist die Lösung dieses Rätsels?

Ljubljana, Slowenien
16. Januar 1996

Ein Guru ist nur Weisheit und Liebe. Er ist das Prinzip von Weisheit und Liebe, das in jedem erwacht, der sich auf den spirituellen Weg begibt. Er ist auch jene Person, bei der es keine Trennung gibt zwischen dem Leben, der Weisheit und der Liebe.

Häufig erkennst du das Wissen, aber du siehst eine Distanz zwischen dem Wissen und dem eigenen Leben. Der Zweck, Schüler eines Gurus zu werden, liegt darin, diese Distanz zu überwinden.

Bei einem Guru zu sein heißt, dass Weisheit spontan in das alltägliche Leben integriert wird.

Lake Tahoe, Kalifornien, USA
Guru Purnima, 28. Juli 1999

Kapitel 3

Wenn du im Selbst ruhst, wirst du der Geliebte der ganzen Welt. Der Geist ist der Geliebte der materiellen Welt und die materielle Welt ist die Geliebte des Geistes. Sie sind füreinander bestimmt. Sie halten sich gegenseitig aufrecht.

Der materiellen Welt gefällt es gar nicht, wenn du dich an materielle Werte klammerst und den Geist nicht respektierst. Wenn du den Geist ehrst, wirst du für die Welt sorgen. Und wenn du für die Welt sorgst, wird die Welt für dich sorgen.

London, Großbritannien
14. Februar 1996

Ein unwissender Mensch glaubt oder glaubt nicht, was ein anderer ihm sagt. Ein weiser Mensch tut nichts von beidem. Sein Vertrauen ruht in *Kāla*, der Zeit. Wenn die Zeiten gut sind, verhält sich ein Feind wie ein Freund. Wenn die Zeiten nicht gut sind, verhält sich sogar ein Freund wie ein Feind. Ein Unwissender glaubt weder an die Zeit noch an das Göttliche jenseits der Zeit, der Weise jedoch glaubt an *Mahākāla*, die große Zeit und an Shiva.

In der Welt und in der Zeit ist immer Raum für Verbesserung. Du kannst deine Zeit und dein Wesen verbessern. Nur das Sein ist immer vollkommen. Nimm Zuflucht zum Sein und werde unvergänglich.

Sei dir bewusst, »ich bin« unvergänglich.

Im Bus auf der Tour de France, Frankreich
3. Juni 1997

Alle sinnlichen Vergnügen dieser Welt sind wie Geschenkpapier. Das darin verborgene Geschenk ist Glückseligkeit. Göttliche Liebe ist das Geschenk, wir jedoch erfreuen uns am Geschenkpapier und glauben, das sei schon das Geschenk. Das ist so, als ob du ein Stück noch verpackte Schokolade in den Mund nimmst. Vielleicht sickert dann ein bisschen Schokolade durch, aber die Verpackung stört sehr.

Pack das Geschenk aus! Die ganze Welt ist dazu da, dass du dich an ihr erfreuen kannst. Der Weise kann das Geschenk genießen, während der Unwissende sich weiter mit dem Geschenkpapier befasst.

Weggis, Schweiz
11. Januar 1996

Tiefe Ruhe ist Glückseligkeit – und Glückseligkeit heißt zu begreifen, dass nur Gott existiert. Im Wissen, dass nur Gott existiert, liegt die größtmögliche Ruhe.

Die Überzeugung oder die Erfahrung, dass »nur Gott existiert« ist *Samādhi*.

Samādhi ist die Mutter aller Talente, Stärken und Tugenden. Selbst ein völlig materialistisch denkender Mensch braucht *Samādhi*, weil ein materialistisch denkender Mensch Stärke und Tugenden zu gewinnen sucht. Um in *Samādhi* zu sein, brauchst du dich nicht anzustrengen, benötigst keine Talente, Stärken oder Tugenden.

Ruhe bedeutet, sich von jeder Art körperlicher oder geistiger Tätigkeit zurückzuziehen. Das ist in Form des Schlafes in unser Leben eingebaut und der Schlaf ist der beste Freund der Aktivität. *Samādhi* ist bewusste Ruhe, der beste Freund des Lebens. Um lebendig sein und sein Potenzial ganz ausschöpfen zu können, ist *Samādhi* unentbehrlich.

Ruhelosigkeit behindert *Samādhi*. Was ist Ruhelosigkeit und was sind die Heilmittel?

Berlin, Deutschland
7. Juni 2001

Es gibt fünf Arten von Ruhelosigkeit.

Die erste Art von Ruhelosigkeit wird von einem bestimmten Ort verursacht. Wenn du diesen Ort, diese Straße oder dieses Haus verlässt, fühlst du dich sofort besser. Chanten, Singen, Lachen und spielende Kinder können diese atmosphärische Unruhe vermindern. Mit Chanten und Singen ändern sich die Schwingungen an diesem Ort.

Die zweite Art von Ruhelosigkeit hat körperliche Ursachen. Ungesunde Nahrung, *Vāta* steigernde Nahrung, Essen zur falschen Zeit, mangelnde körperliche Aktivität und Überarbeitung sind mögliche Ursachen. Heilsam sind hier körperliches Training, Arbeit in einem gemäßigten Umfang und eine ein- bis zweitägige Gemüse- oder Saftdiät.

Die dritte Art ist die geistige Ruhelosigkeit. Sie wird verursacht durch Ehrgeiz, hochfliegende Pläne, Abneigungen oder Vorlieben. Diese Ruhelosigkeit kann nur durch Wissen geheilt werden - das Leben von einer höheren Warte aus zu betrachten, das Wissen über das Selbst und das Gewahrsein der Vergänglichkeit von allem, das dich umgibt. Was soll's, wenn du alles erreichst? Nachdem du es erreicht hast, wirst du sterben. Das Wissen um dein Sterben und Leben, Vertrauen in das Selbst und Vertrauen in Gott reduziert die geistige Ruhelosigkeit.

Die vierte Art ist die emotionale Ruhelosigkeit. Hier kann auch noch so viel Wissen nicht helfen – hier hilft nur die *Sudarshan Kriya*. Durch *Sudarshan Kriya* verschwindet jegliche emotionale Ruhelosigkeit. Die Gegenwart deines Gurus, eines weisen Menschen oder eines Heiligen hilft gegen emotionale Ruhelosigkeit.

Die fünfte Art von Ruhelosigkeit ist sehr selten. Es ist die Ruhelosigkeit der Seele. Wenn dir alles leer und bedeutungslos vorkommt – dann bist du vom Glück begünstigt. Die Sehnsucht, die du dann spürst, ist die Ruhelosigkeit der Seele. Versuche nicht, sie loszuwerden. Heiße sie willkommen, umarme sie. Viele Menschen unternehmen alles Mögliche, um sie loszuwerden – sie wechseln ihren Wohnort, ihren Arbeitsplatz, ihre Lebenspartner, sie machen dies, sie machen das. Alles scheint immer für kurze Zeit zu helfen, aber es ist nicht von Dauer.

Nur diese Ruhelosigkeit der Seele kann dich lehren, wirklich zu beten. Sie bringt Vollkommenheit, *Siddhis* und Wunder in das Leben. Diese tiefe Sehnsucht nach Gott ist so unglaublich wertvoll. *Satsang* und die Gesellschaft eines erleuchteten Menschen können die Ruhelosigkeit der Seele lindern.

Europäisches Zentrum, Bad Antogast, Deutschland
14. Juni 2001

Wenn du dich nicht beklagst, sondern mutig, verantwortungsvoll und selbstbewusst bist und dein Geist hohl und leer ist – dann bist du unglaublich schön. Eine Person, die nicht mit einer Beschwerde umgehen kann, hat kein Recht sich zu beschweren. Eine Person dagegen, die mit Beschwerden umgehen kann, wird sich niemals beschweren. Sich zu beklagen ist ein Zeichen von Schwäche. Sich zu beschweren zeugt von völliger Unwissenheit, in der keine Kenntnis des Selbst vorhanden ist. Dein Klagen nimmt dir deine angeborene Schönheit und die Auswirkungen zeigen sich umso klarer bei denen, die auf dem spirituellen Weg sind.

Der weltliche Geist beklagt sich, der göttliche Geist tanzt. Sich einfach zu beklagen ohne nach einer Lösung zu suchen ist verantwortungslos. Der Mutige findet alternative Lösungen, wenn die bisherigen Lösungen nicht funktionieren.

Um äußerlich schön zu sein, schmückst du dich mit vielen Dingen. Für wahre Schönheit musst du alle diese Dinge fallen lassen. Für äußere Schönheit musst du Make-up auflegen, für wirkliche Schönheit brauchst du nur zu erkennen, dass du schon »zurechtgemacht« bist.

Internationales Zentrum, Bangalore, Indien
30. April 1997

Es gibt einen Ort voller Schönheit. Und du kannst diesen Ort besuchen. Touristen reisen von Ort zu Ort auf der Suche nach Schönheit und versuchen, das Schöne mit nach Hause zu nehmen. Sie werden nur müde und sonnengebräunt. Aber der allerschönste Fleck ist genau hier. Wenn du hierher kommst, findest du das, was du bist, alles ist so wunderschön.

Wo ist dieser Ort? Suche nicht überall herum. Wohin gehst du? In dich hinein. Wenn du dort angekommen bist, ist jeder Ort schön. Denn du bringst Schönheit an jeden Ort, wo immer du auch hingehst.

Wenn du unglücklich bist, sind Süßigkeiten widerwärtig, ist Musik störender Lärm, macht dich sogar der Mond nervös. Wenn du hingegen ruhig und in deiner Mitte bist, sind Wolken magische Gebilde, ist Regen flüssiger Sonnenschein, ist selbst Lärm melodisch.

Buche für dich eine Reise zu diesem schönsten Ort im ganzen Universum. Dann wird jeder Tag ein Urlaubstag und zu einer Feier für dich.

Honolulu, Hawaii, USA
1. Februar 1996

Es ist schwer, sich Gott als gestaltlos vorzustellen, und es ist schwer, sich Gott in einer bestimmten Gestalt vorzustellen. Das Gestaltlose ist so abstrakt und Gott in einer bestimmten Gestalt erscheint zu begrenzt. Daher ziehen manche Menschen es vor, Atheisten zu sein.

Atheismus existiert nicht wirklich, es ist einfach eine Frage der Bequemlichkeit. Wenn du einen forschenden Geist hast oder nach Wahrheit suchst, fällt Atheismus in sich zusammen. Ein forschender Geist bestreitet nicht etwas, das er nicht widerlegen kann. Ein Atheist leugnet Gott, ohne zunächst die Existenz Gottes zu widerlegen. Um Gottes Existenz zu widerlegen, musst du ein enormes Wissen haben, und wenn du enormes Wissen hast, kannst du sie nicht widerlegen.

Um sagen zu können, dass etwas nicht existiert, musst du das ganze Universum kennen. Also kannst du niemals hundertprozentig atheistisch sein. Ein Atheist ist nur ein Gläubiger, der schläft.

Dass ein Mensch sagen kann: »Ich glaube an gar nichts«, bedeutet, dass er an sich selbst glaubt, er glaubt also an ein Selbst, das er noch nicht einmal kennt.

Ein Atheist kann nie aufrichtig sein, denn Aufrichtigkeit benötigt Tiefe und ein Atheist weigert sich, tief in sich hineinzugehen. Wenn er tiefer gehen würde, fände er eine Leere, ein Feld aller Möglichkeiten, und er müsste zugeben, dass es viele Geheimnisse gibt, von denen er keine Ahnung hat. Er müsste dann seine Unwissenheit erkennen – wogegen er sich wehrt , weil er in dem

Augenblick, in dem er aufrichtig ist, ernsthaft am Atheismus zu zweifeln beginnen würde. Ein Atheist ohne Zweifel ist kaum vorstellbar. Ein Atheist kann nicht gleichzeitig aufrichtig und ohne Zweifel sein.

Was tut ein Atheist, wenn er seine Unwissenheit erkennt? Wohin geht er dann? Geht er zu einem Guru? Was kann ein Guru für ihn tun?

Internationales Zentrum, Bangalore, Indien
15. Dezember 2000

Ein Atheist glaubt weder an menschliche Werte noch an Abstraktes. Was geschieht, wenn ein Atheist zu einem Guru kommt? Er beginnt, seine eigene Form zu erfahren und entdeckt, dass er in Wahrheit formlos, hohl und leer ist. Und er spürt immer deutlicher, dass diese abstrakte Formlosigkeit die Realität ist.

Ein Guru lässt das Abstrakte realer erscheinen und was du als ganz solide ansahst, erscheint dann weniger real. Du wirst empfindsamer und subtiler. Die Wahrnehmung der Liebe – nicht als ein Gefühl, sondern als die Grundlage der Existenz – wird deutlich möglich. Der formlose Geist leuchtet aus jeder Form der Schöpfung, das Mysterium des Lebens vertieft sich und der Atheismus löst sich auf. Dann kann die Reise beginnen – es ist eine Reise in vier Etappen.

Die erste Etappe ist *Sārūpya*, d. h., das Formlose in der Form zu sehen, Gott in allen Formen zu sehen. Oft fühlt man sich wohler, Gott als formlos anzusehen, anstatt mit einer Form, denn bei einem Gott, der eine Form hat, kommt das Gefühl von Distanz auf, von Dualität, Angst vor Zurückweisung und andere Begrenzungen. Außer im Tiefschlaf und in *Samādhi* hat alles, womit wir in Kontakt kommen, eine Form. Wenn du Gott nicht als Gott sehen kannst, der eine Form hat, dann bleibt der Teil deines Lebens, den du im Wachzustand erlebst, ohne das Göttliche.

Alle, die Gott als unpersönlich ansehen, benutzen Symbole und vielleicht lieben sie diese Symbole mehr als Gott selbst. Wenn Gott einem Christen raten würde, das Kreuz wegzulassen oder einem Muslim raten würde, auf die Mondsichel zu verzichten – beide würden sich wahrscheinlich weigern. Am Anfang kannst du das Formlose nur lieben, wenn du ihm eine Form gegeben hast.

Die zweite Etappe ist *Sāmīpya* – Nähe. Du fühlst dich der Form, die du gewählt hast, sehr nahe und greifst nach dem Formlosen. Das führt dich zu einem Gefühl der Vertrautheit mit der ganzen Schöpfung. In diesem Stadium überwindest du die Angst vor Zurückweisung und andere Ängste, aber dieser Zustand ist noch an Raum und Zeit gebunden.

Die dritte Etappe ist *Sānidhya*. Du fühlst die Anwesenheit Gottes, wodurch du die Begrenzungen von Zeit und Raum hinter dir lässt.

Die letzte Etappe ist *Sayujya*. Du bist fest im Göttlichen verwurzelt. Jetzt erkennst du, dass du eins bist mit dem Göttlichen. Du bist völlig mit dem Geliebten verschmolzen, es gibt keinen Dualismus mehr.

Dies ist das und das ist dies.

Frage: Muss ein Gläubiger auch diese vier Etappen überwinden?

Natürlich! Sowohl ein Atheist als auch ein Gläubiger durchläuft diese vier Etappen.

Europäisches Zentrum, Bad Antogast, Deutschland
25. Dezember 2000

Niemand kann durch und durch Atheist sein. Ein Atheist ist jemand, der nur an das Eindeutige, das Greifbare glaubt, aber das Leben, dieses Universum ist nicht nur eindeutig und greifbar.

In der Wirtschaft, der Wissenschaft und der Kunst überall sind in gewissem Maße Spekulationen, Vermutungen, Vorstellungskraft und Intuition im Spiel. Alle diese Lebensbereiche haben einige Anteile, die ihrem Wesen nach abstrakt und nicht greifbar sind. In dem Augenblick, in dem ein Atheist eingesteht, zumindest im Ansatz, dass etwas unerklärbar ist, ist er kein Atheist mehr. Ein intelligenter Mensch kann nicht alle Mysterien des Lebens und des Universums abstreiten und aus diesem Grund kann er nicht wirklich ein Atheist sein. Sogenannte Atheisten wehren sich vielleicht nur gegen bestimmte Vorstellungen von Gott.

Frage: War Buddha ein Atheist?

Nein, in Bezug auf die Leere, zu der Buddha sich bekannte, die für einen Atheisten nur sehr schwer annehmbar ist, und ja, weil er sich nicht zu Gotteskonzepten bekannte.

Ein Atheist glaubt nur, was er sehen kann, Buddha lehrte jedoch, dass alles, was wir sehen, nicht real ist. Wenn doch nur alle heutigen Atheisten Buddhas sein könnten!

Internationales Zentrum, Bangalore, Indien
17. April 2002

Es gibt einen großen Geist und einen kleinen Geist. Manchmal gewinnt der große Geist gegen den kleinen und manchmal ist es umgekehrt. Wenn der kleine Geist siegt, entsteht Leid. Und wenn der große Geist siegt, entsteht Freude. Der kleine Geist verspricht Freuden, lässt dich jedoch leer ausgehen. Du magst dich dem großen Geist anfänglich widersetzen, aber er wird dich mit Freude erfüllen.

Das Wort Guru bedeutet »groß«. *Jaya* heißt »Sieg«. *Deva* bedeutet: »Jemand, der Spaß liebt, der leicht und verspielt ist.« Manchen, die verspielt sind, fehlt die Würde und die Würdevollen sind oft gar nicht verspielt. *Jai Guru Dev* bedeutet: »Möge der große Geist in dir siegen, der gleichzeitig würdevoll und verspielt ist.« *Jai Guru Dev* bedeutet: »Möge die Größe in dir siegen.«

Du sagst nicht, der Meister möge siegreich sein, denn er hat den großen Geist bereits erreicht. Du wünschst den Sieg deinem eigenen Selbst, deinem eigenen großen Geist, gegen den der kleine Geist protestiert.

Internationales Zentrum, Bangalore, Indien
27. September 1995

Buddha wurde unter einem Bodhi-Baum erleuchtet. Danach stand er auf und betrachtete den Baum sieben Tage lang aus einiger Entfernung. Dann ging er mit sechzehn Schritten wieder auf den Baum zu und in jedem Fußabdruck erblühte eine Lotusblume. Dies besagt die Legende.

Der Bodhi-Baum symbolisiert sowohl *Samsāra* (die Welt) als auch *Dharma* (die Lehre). Die Lotusblüte symbolisiert Klarheit, Leidenschaftslosigkeit, Liebe, Schönheit und Reinheit.

Nur wenn du im Leben unbeteiligt bist, kannst du *Samsāra* mit all ihren Spielen beobachten. Wenn du *Samsāra* beobachtest, ist jeder deiner Schritte wohlwollend und makellos. Wenn du vor jeder deiner Handlungen innehältst, dann wird jeder deiner Schritte, die du in dieser *Samsāra* machst, vollkommen und bedeutungsvoll.

Bodh Gaya, Indien
9. November 2000

Wenn du denkst, du bist unwissend, weißt du, wer du bist.

- Wenn du weißt, wer du bist, bist du erleuchtet.

- Wenn du erleuchtet bist, bist du sicher nicht unwissend.

- Wenn du denkst, du bist intelligent, weißt du nicht, wer du bist.

- Und wenn du nicht weißt, wer du bist, bist du völlig unwissend.

Es ist besser, die eigene Unwissenheit zu erkennen und erleuchtet zu sein.

Europäisches Zentrum, Bad Antogast, Deutschland
20. Mai 1999

Alle zwölf Jahre versammeln sich alle Seher und Heiligen sowie spirituell Suchende am Zusammenfluss, oder *Sangam,* der drei heiligen Flüsse Ganges, Yamuna und Saraswati. Der Ganges ist das Symbol des Wissens und der Selbsterfahrung. An den Ufern des Yamuna wurden die Taten der Liebe unsterblich gemacht. Wenn Wissen und Liebe zusammenfließen, wenn Kopf und Herz sich treffen, taucht Saraswati auf, das Symbol der Weisheit und der Künste.

Wenn ein winziges Atom explodiert, hält die Strahlung für lange Zeit an. Der Geist ist viel subtiler als ein Millionstel eines Atoms. Wenn der Geist explodiert, ist das Erleuchtung.

Seit Jahrhunderten sind Tausende von Weisen, die meditiert haben, Buße getan haben und erleuchtet wurden, zur *Kumbha Mela* gekommen, um sich durch ein Bad im Fluss der Last der Verdienste zu entledigen, die sie durch ihre spirituellen Übungen erworben hatten. Das Wasser kann die Energie aufnehmen, die die Weisen ausstrahlen. Die Sucher, die von überall her kommen, um den Sehern und Heiligen nahe zu sein, können von diesen Verdiensten profitieren, wenn sie in einen der Flüsse eintauchen.

Raum kann man nicht kaufen und ein Klumpen Lehm ist wertlos, aber wenn der Raum von Lehm umgeben ist, bekommt er einen Wert, denn er ist dann *Khumba*, ein Topf. Der Geist ist überall in der Natur, er gewinnt jedoch unschätzbaren Wert, wenn er in einem menschlichen Körper als ein höherer Bewusstseinszustand erblüht. Ein verkörperter höherer Bewusstseinszustand wird üblicherweise *Khumba* genannt. Deshalb wird das Zeitalter der Erleuchtung auch das Zeitalter des Wassermanns genannt. *Khumba* bedeutet Topf, was ein Symbol für Fülle und Vollkommenheit ist.

Neu Delhi, Indien
26. Januar 2001

Ein dummer Mensch benutzt spirituelle Macht, um materiellen Komfort zu bekommen.

Ein intelligenter Mensch benutzt die materielle Welt, um sich hinauf in die Höhen des Geistes zu erheben.

Wenn du die Grenzen des Verstandes überschreitest, erlaubst du dir selbst, ein Werkzeug des Geistes zu werden.

Ein Mensch, der erwacht ist, benutzt nichts und verliert nichts.

Werde intelligent - überschreite Grenzen und erwache.

An einem ungenannten Ort in den USA
11. Juli 2002

Der Herrscher der Welt in all ihrer Vielfalt wird *Ganesha* genannt.

Das ganze Universum besteht nur aus Haufen von Atomen, Gruppen von Eigenschaften, von Energie. *Gana* heißt »Gruppe« und eine Gruppe kann nicht ohne einen »Herrscher« bestehen. Wie die Bienenkönigin, die nur durch ihre Existenz den Bienenstock hervorbringt, so ist das Universum in seiner Vielfalt genug Beweis für die Existenz und Gegenwart *Ganeshas*.

Ganesha, oder Herrscher, wurde aus dem Formlosen, aus dem Überbewussten, dem Selbst, Shiva genannt, geboren. Wenn Atome sich verbinden, entsteht Materie. Ebenso vollzieht sich das Göttliche anstrengungslos, wenn all die einzelnen Anteile des menschlichen Bewusstseins sich verbinden. Das ist die Geburt *Ganeshas* aus Shiva.

Internationales Zentrum, Bangalore, Indien
23. August 2001

Was ist *Maya*?

Maya ist alles, was gemessen werden kann. Die ganze Welt kann gemessen werden, daher ist sie *Maya*. Alle fünf Elemente – Erde, Wasser, Feuer, Luft und Äther – können gemessen werden.

Frage: Kann Raum gemessen werden?

Nur im Raum können Dinge gemessen werden. Raum ist die erste Dimension des Messens.

Ein Maß ist nie etwas Absolutes, sondern ist immer relativ. Wenn zum Beispiel auf der Erde etwas sechs Pfund schwer ist, wiegt es auf dem Mond nur ein Pfund. Das Licht eines Sternes, den du heute siehst, ist kein heute entstandenes Licht. Es hat mindestens vier Jahre gebraucht, um die Erde zu erreichen. Gewicht und Größe verändern sich in Luft, Wasser und Erde. Also ist eine Messung illusorisch und unzuverlässig. Deine Knochen, deine Haut, dein Körper, dein Umfeld und die fünf Elemente können gemessen werden. Du kannst ihre Masse bestimmen, ihnen einen Wert beimessen. Also ist die ganze Welt *Maya*. Alles Messen führt nur zu einem relativen Verständnis. Einsteins Relativitätstheorie stimmt mit der *Advaita*-Philosophie, der nicht-dualen Philosophie überein.

Aber was ist nicht Maya? Alles, was nicht gemessen werden kann, ist nicht Maya.

Du kannst nicht sagen ein Gramm Liebe, zwei Gramm Frieden oder fünf Kilogramm Glück. Kannst du gemessen werden? Nein, das ist unmöglich. Dein Körper hat ein bestimmtes Gewicht, aber nicht du. Wahrheit kann nicht gemessen werden, *Ānanda* oder Freude kann nicht gemessen werden und Schönheit kann nicht gemessen werden. Sie alle sind Teile des Bewusstseins *Īshvara* – des Göttlichen – und sie werden *Mayi* genannt.

Internationales Zentrum, Bangalore, Indien
21. Dezember 2001

Menschen haben die Neigung, Dinge besitzen zu wollen. Wenn sie etwas Kleines besitzen, bleibt ihr Geist klein, ihr Leben wird gleichsam erstickt und ihr ganzes Bewusstsein beschränkt sich auf ihr Haus, ihren Ehepartner, ihr Auto, ihre Kinder usw. Ein Einsiedler verlässt sein Zuhause und geht weit weg. Aber dort besitzt er seine *Āsana*, seinen Rosenkranz, seine Bücher, seine Vorstellungen und sein Wissen.

Sein Besitz hat sich einfach verlagert von Dingen oder Menschen auf Ideen und Übungen. Ein weiser Mensch weiß, dass er die Sonne, den Mond, die Sterne, die Luft, den gesamten Weltraum und das Göttliche in seiner Gesamtheit besitzt. Wenn du etwas Großes besitzt, dehnt sich dein Bewusstsein aus. Und wenn du etwas Kleines besitzt, fangen in dir kleine negative Gefühle an aufzusteigen, wie zum Beispiel Zorn oder Habgier.

Ich frage mich, warum sich Menschen nicht mit der Sonne verbunden fühlen. Die ganze Lebensexistenz hängt von der Sonne ab. Vielleicht bringt ein Mangel an Gewahrsein Menschen dazu, sich zu weigern, ihre Verbundenheit mit dem Universum zu erkennen und zu besitzen. Die *Rishis* im alten Indien, die Indianer Amerikas und Ureinwohner auf der ganzen Welt haben betont, dass man sich der Sonne, dem Mond und den Himmelsrichtungen verbunden fühlen kann.

Wenn dir etwas Überwältigendes gehört, wird auch dein Bewusstsein überwältigend groß.

Internationales Zentrum, Bangalore, Indien
13. September 2001

Ein Ehepaar, das Sri Sri Ravi Shankar sehr ergeben war, schenkte ihm an seinem Hochzeitstag einen kunstvollen Fächer mit den Worten: »Ein Fächer von zwei dankbaren Anhängern.«

Daraufhin sagte Sri Sri: »*Devotees* sind der Fächer. Gott ist die Luft. Die Luft ist immer da, aber der Fächer bewirkt, dass du sie fühlen kannst. Gott ist immer da, aber durch seine *Devotees* wird Seine Gegenwart spürbar.«

Internationales Zentrum, Bangalore, Indien
9. September 1999

Guruji hielt eine Pistazie hoch und fragte: »Was ist das?« Alle sagten: »Eine Pistazie.« Dann hielt er eine Pistazie ohne Schale hoch und fragte: »Was ist das?« Alle sagten: »Eine Pistazie.« Dann hielt er nur die Schale hoch und fragte: »Was ist das?« Alle sagten: »Eine Schale.«

Wie eine Pistazie mit oder ohne Schale eine Pistazie bleibt, so bleibt der Geist mit oder ohne Körper »Gott«. Wie die Schale ohne ihren Inhalt keine Pistazie ist, so ist der Körper ohne Geist nicht Gott. Der Geist ist mit Sicherheit Gott, weil er allgegenwärtig ist. Der Körper ist sicher nicht Gott, weil er nicht allgegenwärtig ist.

Gott ist im Körper und Gott verkörpert das ganze Universum. Wer Augen hat zu sehen, wird sehen. Wenn gefragt wird: »Bist du Gott?« – an wen ist diese Frage gerichtet? Da es nur der Geist ist, der die Frage beantwortet, kann die Antwort nur »Ja« lauten.

Bali, Indonesien
5. April 2001

Früher hat man geglaubt, es sei eine Gotteslästerung zu sagen: »Ich bin Gott.« Ich sage dir, es ist eine Gotteslästerung zu sagen: »Ich bin nicht Gott.« Denn wenn du sagst: »Ich bin nicht Gott«, leugnest du Gottes Allgegenwart.

Du bestehst aus lauter Liebe. Wenn du sagst: »Ich bin nicht Gott«, leugnest du, dass Gott Liebe ist. Wenn du Liebe bist und sagst: »Ich bin nicht Gott«, sagst du, dass Gott nicht Liebe ist – und das ist eine Gotteslästerung.

»Ich bin« ist dein Bewusstsein. Wenn du sagst: »Ich bin nicht Gott«, leugnest du, dass Gott Gewahrsein, Wachsamkeit, und Bewusstsein ist. Du existierst. Wenn du sagst: »Ich bin nicht Gott«, leugnest du, dass Gott ein Teil der Existenz ist – und das ist Gotteslästerung. Und du widersprichst den alten Schriften, die sagen: »Gott schuf den Menschen nach seinem Ebenbild.« Wenn du sagst: »Ich bin nicht Gott«, leugnest du Gott.

Frage: Wenn Gott allgegenwärtig ist, warum gibt es dann Hass und Leid auf dieser Welt?

Es ist wie im Kino: Das Licht scheint durch den Film hindurch und es spielt für das Licht keine Rolle, was der Film auf der Leinwand abbildet. Das Licht ist immer dasselbe, ob nun eine Tragödie oder eine Komödie gezeigt wird, ob ein Held oder ein Bösewicht erscheint. Im Absoluten gibt es keine Gegensätze. Alle Gegensätze sind Teil der relativen Existenz.

Die relative Existenz ist nicht das ganze Bild. Gut oder schlecht, richtig oder falsch, alles ist relativ. Milch ist gut, aber zu viel Milch kann dich umbringen. Ein Tropfen einer giftigen Substanz kann lebensrettend sein, aber die meisten Medikamente sind giftig, wenn sie nicht richtig dosiert werden. Sie sind nicht absolut gut oder schlecht, sie existieren einfach.

Wahrheit übersteigt die Dualität und Gott ist die absolute und einzige Wahrheit. Deshalb spielt es keine Rolle, was gerade in deinem Kopf vor sich geht – du bist Gott.

Kannur, Kerala, Indien
10. Dezember 2000

Eine Frau sagte zu Sri Sri Ravi Shankar: »Ich möchte einen ehrlichen und bescheidenen Mann haben.«

Er antwortete: »Ich bin weder ehrlich noch bescheiden. Ich kann nicht jedem erzählen, dass ich Gott bin, weil nicht jeder das verstehen würde. Also bin ich nicht ehrlich. Und ich bin nicht bescheiden – wie könnte Gott bescheiden sein?

Wenn ich bescheiden bin, bin ich nicht ehrlich.
Wenn ich ehrlich bin, kann ich nicht bescheiden sein.«

Halifax, Nova Scotia, Kanada
22. Juni 2000

Sehnsucht selbst ist göttlich. Sehnsucht nach weltlichen Dingen macht dich träge. Sehnsucht nach Unendlichkeit erfüllt dich mit Leben.

Wenn die Sehnsucht stirbt, tritt Trägheit an ihre Stelle. Aber Sehnsucht birgt auch ein Gefühl von Schmerz. Um diesen Schmerz zu vermeiden, versuchst du die Sehnsucht zu unterdrücken. Geschickt ist es, den Schmerz der Sehnsucht zu ertragen und dein Leben weiterzuleben. Versuche nicht, eine Abkürzung zu finden, um die Sehnsucht zu vermeiden. Du sollst die Sehnsucht nicht verkürzen - deshalb heißt sie Seeeehnsucht.

Aus wahrer Sehnsucht tauchen Momente der Glückseligkeit auf. Deshalb wurde in früheren Zeiten die Sehnsucht durch Gesänge und Geschichten lebendig gehalten.

Wenn die Sehnsucht über die Beziehung hinauswächst, dann fallen Beurteilung, Eifersucht und alle anderen negativen Gefühle von dir ab. Nur mit Wissen und Selbsterkenntnis kannst du über Beziehungen hinauswachsen. Viele Menschen glauben, dass Weisheit frei von Sehnsucht sei. Oh, nein! Eine solche Weisheit wäre trocken. Die Sehnsucht, die aus wahrer Weisheit kommt, macht das Leben reizvoller. Und das Göttliche ist bestimmt reizvoll!

Sehnsucht gibt dir die Macht zu segnen. Segne die ganze Schöpfung, denn die Sehnsucht in dir ist Gott.

Internationales Zentrum, Bangalore, Indien
8. Februar 2001

In allen Kulturen galten zu allen Zeiten bestimmte Orte, bestimmte Tage, Personen und Symbole als heilig.

Die Ureinwohner Amerikas und andere Naturvölker sehen die Erde, die Sonne, den Mond und alle Himmelsrichtungen als heilig an. Die *Rishis* der alten Tradition Indiens sahen alle Flüsse, Berge und selbst Tiere, Bäume und Kräuter als heilig an.

Und was ist mit den Menschen? Sie sind ganz sicher heilig. Viele Kulturen ehren bestimmte Menschen und betrachten sie als heilig.

Für Christen sind das Kreuz, Jerusalem, Weihnachten und der Papst heilig. Für Muslime sind die Mondsichel, Mekka und der Monat Ramadan heilig. Die Hindus betrachten den Fluss Ganges, den Himalaya und die Swamis als heilig.

Wenn du einen Ort, eine bestimmte Zeit, eine Person, ein Symbol oder eine Handlung als heilig ansiehst, ist deine Aufmerksamkeit ungeteilt und vollständig. Wenn alles alltäglich und gleichbleibend ist, neigst du dazu, in Unaufmerksamkeit und Trägheit abzugleiten. In dem Augenblick, in dem du etwas als heilig ansiehst, verschwindet deine Trägheit und du wirst lebendiger.

Nichts ist so erfüllend wie eine heilige Handlung, wenn du dein ganzes Herz hineinlegst. Und wenn jede deiner Handlungen heilig wird, bist du eins geworden mit dem Göttlichen. Dann wird jede Minute deines Lebens heilig, jeder Ort, den du besuchst wird heilig, jede deiner

Handlungen wird heilig und jeder Mensch, dem du begegnest ist nur dein Spiegelbild.

Frage: Warum verliert eine Handlung, wenn sie wiederholt wird, ihre Heiligkeit?

Das passiert, wenn deine Erinnerung dein Bewusstsein überwältigt und du deine Sensibilität verlierst. Zum Beispiel empfinden Menschen, die in Varanasi leben, ihre Stadt nicht mehr als heilig. Sie ist ihnen zu vertraut, ihre Sensibilität ist verloren gegangen.

Frage: Wie können wir das Gefühl der Heiligkeit in unseren Handlungen bewahren?

Indem du im gegenwärtigen Augenblick lebst und durch *Sādhana*. Dein *Sādhana* wird deiner Erinnerung nicht erlauben, dein Bewusstsein zu überwältigen. Dann ist Wiederholen kein Hindernis mehr.

Es ist gut zu fühlen, dass einige Orte, Zeiten, Menschen und Symbole heilig sind, sodass du bewusst und lebendig sein kannst. Aber vielleicht musst du das überschreiten und fühlen, dass die ganze Schöpfung und dein ganzes Leben heilig sind. Für einen Menschen Gottes ist die ganze Welt mit all seinen Symbolen, Orten und Menschen zu allen Zeiten heilig.

Sei ein Mensch Gottes.

Europäisches Zentrum, Bad Antogast, Deutschland
1. Dezember 2000

Lass die Winde sanft wehen.
Lass die Meere wie Honig fließen.
Lass das Reich der Kräuter und Pflanzen uns wohlgesonnen sein.
Lass die Tage und Nächte lieblich sein.
Lass den Staub dieser Erde angenehm für uns sein.
Lass den Himmel und unsere Ahnen uns wohlgesonnen sein.
Lass alle Bäume Honig tragen.
Lass die Sonne sanft erscheinen.
Lass ihre Strahlen zu unserem Segen sein.
Lass alle Tiere freundlich zu uns sein.
Lass unsere Nahrung bekömmlich sein.
Lass all unsere Gedanken und Worte süß wie Honig sein.
Lass unser Leben rein und göttlich sein.
Lass es süß sein wie Honig.

Unser menschlicher Körper ist dazu erschaffen, den Himmel auf diese Erde zu bringen. Er sollte Freundlichkeit auf diese Welt bringen, nicht aber Gift verspritzen.

Es ist leicht, jemanden zu verspotten, aber du brauchst Mut und Intelligenz, um Menschen zu unterstützen, um die göttlichen Eigenschaften hervorzubringen in denen, die dir nahe sind. Indem du göttliche Eigenschaften in anderen zum Vorschein bringst, erkennst du die Göttlichkeit tief in dir selbst.

Jemand, der hat, kann geben, so wie eine Kerze eine andere Kerze anzünden kann.

Jemand, der frei ist, kann andere befreien. Jemand, der Liebe ist, kann Liebe entfachen.

Sri Sri Ravi Shankar

Die Kunst des Lebens
&
Die Internationale Vereinigung
für menschliche Werte

Leben wandeln

Der Gründer
S. H. Sri Sri Ravi Shankar

Weltweit gefeiert von Regierungen ebenso wie vom einfachen Bürger ist Seine Heiligkeit Sri Sri Ravi Shankar für Millionen von Menschen aus allen Gesellschaftsschichten auslösende Kraft, um einen Wandel herbeizuführen hin zu einem glücklicheren, erfüllteren, gesünderen und stressfreien Leben. Er ist der Begründer der *Art of Living*-Organisation, die mittlerweile in 146 Ländern verbreitet ist, und der Gesellschaft *International Association for Human Values* mit Hauptsitz in Genf. Durch seine Organisationen lässt Sri Sri Ravi Shankar menschliche Werte wieder aufleben, fördert er den Weltfrieden und leitet umfassende Hilfs- und Entwicklungsprojekte zur Wandlung und Veränderung menschlichen Daseins rund um den Globus.

In einer Welt, die erfüllt ist von Konflikten, hat seine Botschaft, dass alle Menschen, Gesellschaften, Zivilisationen, Kulturen, Religionen und spirituellen Traditionen gemeinsame menschliche Werte aufweisen, überall tiefen Anklang gefunden. Seine Botschaft ist einzigartig, dabei gleichermaßen kraftvoll und von einer Sanftheit, wie nur er selbst, S. H. Sri Sri Ravi Shankar, sie ausstrahlen kann. Er inspiriert nachhaltiges Einzelengagement zu freudvollem Leben, selbstlosem Dienst und Selbsterkenntnis durch seine ewige Botschaft von Frieden, Liebe und *Seva* (Dienen). Sein verschiedenartiges Publikum umfasst u. a. Staatsoberhäupter, die

Vereinten Nationen, das Weltwirtschaftsforum, Wissenschaftler, Gesetzgeber und verschiedene Parlamente, politische und wirtschaftliche Führungskräfte, Akademien und soziale Einrichtungen und andere Entscheidungsträger. Die zahllosen Auszeichnungen und Ehrungen, die ihm verliehen wurden, spiegeln die Tiefe und das Ausmaß des Dankes und der Anerkennung für seine Inspiration, seine Weisheit und seine Gegenwart wider.

Und doch ist er über all diese immensen, sichtbaren und greifbaren Leistungen hinaus ein Guru, der persönlich berührt. Er hat immer betont, dass wir auf der Welt sind zur Entwicklung und Entfaltung des Einzelnen und nicht einer Bewegung. Er zündet die Flamme der Liebe in einem Herzen an, dieses eine Herz wandelt weitere zehn und diese in Folge weitere hundert. Auf diese Weise arbeitet er. Für jeden Einzelnen, der mit ihm verbunden ist, schafft er Möglichkeiten zur Entwicklung und zum Aufbau von Führungsqualitäten sowie zum Dienen. Seine Leidenschaft, Freude, Liebe, Weisheit und Heiterkeit eröffnen eine vollständig neue Dimension für Spiritualität.

Seine Heiligkeit Sri Sri Ravi Shankar wurde am 13. Mai 1956 in Papanasam im indischen Bundesstaat Tamil Nadu geboren. Als kleiner Junge war er häufig in Meditation versunken und konnte bereits im Alter von vier Jahren die *Bhagavad Gita* und andere Schriften rezitieren. Als Kind sagte er oft zu seinen Freunden: »Auf der ganzen Welt warten die Menschen auf mich.« Im Alter von 17 Jahren hatte er bereits sein Studium der vedischen Literatur und der modernen Naturwissenschaften abgeschlossen. Im Jahr 1982 begann S. H. Sri Sri Ravi Shankar, die *Sudarshan Kriya*, eine kraftvolle und gleichzeitig einfache Atemtechnik, zu lehren, die für Stressabbau und für vollständiges Sein im Hier und Jetzt sorgt. Diese Atemtechnik wird in der ganzen Welt als Teil des *Art of Living*-Programms unterrichtet und bringt zahlreichen Menschen auf vielerlei Weise Nutzen und Heilung.

Die Kunst des Lebens
Dienen rund um den Globus

Als größtes Netzwerk ehrenamtlich Tätiger mit einer breiten Palette sozialer, kultureller und spiritueller Aktivitäten hat die *Art of Living*-Organisation seit 1982 bereits mehr als 20 Millionen Menschen aus allen Gesellschaftsschichten erreicht. Diese gemeinnützige humanitäre Organisation engagiert sich für die Schaffung von Frieden beginnend auf der Ebene des Einzelnen und für die Förderung menschlicher Werte in der Weltgemeinde. Derzeit werden Hilfs- und Erziehungsprojekte der *Art of Living*-Organisation in über 146 Ländern durchgeführt. Die Organisation hat beim Wirtschafts- und Sozialrat (ECOSOC) der Vereinten Nationen (UN) einen Sonderberatungsstatus inne, ist in zahlreichen Komitees vertreten und an vielen Aktivitäten im Zusammenhang mit den Themen Gesundheit und Konfliktbewältigung beteiligt.

(www.artofliving.org)

Die Art of Living-Stressbewältigungsprogramme

Ganzheitliche Entwicklung von Körper, Geist und Seele

Der Art of Living-Kurs Teil I

Dies ist ein einfacher, aber zugleich tiefgehender Workshop, der neben der *Sudarshan Kriya* auch praktisches spirituelles Wissen und interaktive Sitzungen umfasst. Bei der *Sudarshan Kriya*, dem zentralen Bestandteil des Workshops, handelt es sich um eine einzigartige Atemtechnik, kraftvoll und energetisierend, die von tiefsitzendem emotionalen Stress und eingelagerten Giftstoffen befreit und Körper und Geist wieder in Gleichklang mit den natürlichen Rhythmen bringt. Gelassenheit, Zentriertheit, verbesserte Gesundheit, mehr Lebensfreude und Begeisterungsfähigkeit sowie harmonischere Beziehungen sind nur einige der positiven Auswirkungen. Der 15- bis 20-stündige Kurs erstreckt sich in der Regel über fünf bis sechs Tage.

Der Art of Living-Kurs Teil II

Beim Art of Living-Kurs Teil II handelt es sich um ein Programm, das die Teilnehmer näher zu sich bringt, ihnen tiefere Einsichten vermittelt und die unermessliche Weite des Bewusstseins erfahren lässt, das sie ausmacht. In Teil II des Kurses erfahren die Teilnehmer wahre Erneuerung, körperliche wie geistige Verjüngung und Entspannung. In diesem Kursteil werden *Sadhana* (spirituelle Praktiken), *Satsang* (spirituelle Einkehr durch Singen), *Seva* (Dienen) sowie Stille vermittelt.

Sahaj Samadhi-Meditation

Hierbei handelt es sich um eine einfache und gleichermaßen tiefgreifende Möglichkeit, tieferen inneren Frieden im Geist zu erlangen. Das tägliche Praktizieren unterstützt die Integration von tiefer innerer Stille mit dem dynamischen Tempo des Lebens. Der Praktizierende fühlt sich ausgeruht, entspannt und energetisiert.

Divja Samaaj ka Nirmaan (DSN)

Divja Samaaj ka Nirmaan (DSN) bedeutet »Schaffung einer göttlichen Gesellschaft«. Wenn Sie sich selbst die Frage stellen: »Was kann ich tun, um diese Welt zu verbessern?«, gibt DSN Ihnen die Antwort darauf. Unsere Gesellschaft spiegelt den Einzelnen wider und die DSN befähigt den Einzelnen dazu, zur Verbesserung der Welt beizutragen.

ART Excel
All Round Training in Excellence
(für 8- bis 14-Jährige)

ART Excel steht für All-Round Training in Excellence. Dabei handelt es sich um ein sehr effektives Programm für Kinder und Jugendliche, das praktische Werkzeuge zum Abbau von Spannungen und negativen Emotionen wie Angst, Wut und Zorn, Aggression usw. in Form von Atemtechniken, interaktiven Spielen und zahlreichen Prozessen bietet, die darüber hinaus förderlich sind für die Konzentrations- und Selbstwertsteigerung sowie für die Entwicklung menschlicher Werte wie Teilen, Fürsorge, Akzeptanz, Vertrauen und Respekt.

YES
Youth Empowerment Seminar
(für 15- bis 21-Jährige)

In einem Alter, in dem Jugendliche und Heranwachsende sich mit starkem Gruppenzwang und hartem akademischem Konkurrenzkampf konfrontiert sehen, hilft das YES-Programm Schülern und Studenten bei der Entwicklung von Zugehörigkeitsgefühl, Führungsqualitäten und Wettbewerbsstrategien. Es umfasst die *Sudarshan Kriya* sowie interaktive Prozesse, Diskussionen und Spiele. Zu den positiven Effekten des Programms zählen gesteigerte Merkfähigkeit, Konzentration und Klarheit, verbesserte Kreativität, erweitertes positives Denken und wachsendes Selbstvertrauen.

Prison SMART
Stressbewältigungs- und Rehabilitationstraining im Gefängnis

Hierbei handelt es sich um ein einzigartiges Stressbewältigungsprogramm. Es befasst sich u. a. mit dem Abbau von Gewaltpotenzial sowie dem Erlernen von Lebenskompetenzen, die es Inhaftierten möglich machen, Verantwortung für ihre Handlungen in der Vergangenheit zu übernehmen und zukünftige Konflikte erfolgreich zu bewältigen. Das Ziel besteht darin, den Inhaftierten eine Rückkehr in die Gesellschaft und einen guten und freudvollen Neubeginn zu ermöglichen.

CEP

Corporate Executive Programme

Dieser hochspezialisierte Workshop wurde entwickelt, um Menschen mit der Fähigkeit auszustatten, sich eine neue Dimension von Managementkenntnissen sowie besondere Leistungen am Arbeitsplatz zu erarbeiten. Das Programm bietet einen Paradigmawechsel von »harter Arbeit« zu »sanfter Arbeit« und befähigt die Teilnehmer, den Ausgleich zwischen den Anforderungen des Berufs- und Privatlebens zu schaffen. Es handelt sich um ein praktisches und effektives Übungsprogramm, das Manager und Angestellte gleichermaßen in die Lage versetzt, Herausforderungen mit Ruhe und innerer Klarheit zu bewältigen. Es dient zum Aufbau von Teamarbeit und Führungsqualitäten. Das Programm basiert auf der *Sudarshan Kriya* und anderen innovativen Atemtechniken sowie universal anwendbaren Werten, die zur persönlichen Entwicklung und zu harmonischen Interaktionen beitragen.

Internationale Vereinigung für menschliche Werte

Die Internationale Vereinigung für menschliche Werte (International Association for Human Values, IAHV) wurde 1997 in Genf gegründet. Sie preist einerseits unsere individuellen Unterschiede, zielt aber zugleich darauf ab, ein tieferes Verständnis der Werte zu erreichen, die uns als menschliche Gemeinschaft verbinden. Die IAHV entwickelt und fördert Programme zur Persönlichkeitsentwicklung, die auf die praktische Umsetzung menschlicher Werte im täglichen Leben ausgerichtet sind.

Zur Förderung und Entwicklung menschlicher Werte arbeitet die Vereinigung mit Partnern, die ähnliche Ziele verfolgen, zusammen. Dazu gehören Regierungen, Schulen und Ausbildungsstätten, andere Nichtregierungsorganisationen, Konzerne und Einzelpersonen.

(www.iahv.org)

Hilfsprojekte

Nachhaltige ländliche Entwicklung

Mit dem Ziel sozialer und wirtschaftlicher Zuversicht auf persönlicher wie gesellschaftlicher Ebene zielt dieses *Art of Living*-Programm darauf, Gemeinschaften an der Basis ganzheitlich zu stärken und zu fördern, indem insbesondere auf die Bedürfnisse der Armen und Benachteiligten in den ländlichen Gemeinden eingegangen wird. Dies wird erreicht durch eine Bandbreite von Initiativen wie das ländliche Entwicklungsprogramm (RDP, Rural Development Programme), das auf den Aufbau von Führungsqualitäten ausgerichtete Trainingsprogramm für Jungendliche (YLTP, Youth Leadership Training Programme) und das 5H-Programm. Hunderttausende rund um den Globus haben bereits von diesen Programmen profitiert.

Biologische Landwirtschaft

Die Art of Living-Organisation unternimmt konkrete, bedeutende Schritte zur Wiederbelebung traditioneller, effizienter landwirtschaftlicher Verfahren wie biologischem (chemiefreiem) Ackerbau, woraus der landwirtschaftlichen Bevölkerung Freude und Wohlstand erwachsen. Die Organisation betreibt außerdem das mobile Landwirtschaftsinstitut SSMAI (Sri Sri Mobile

Agricultural Institute), das den Bauern landwirtschaftliches Know-how direkt vor Ort vermittelt und so Selbstvertrauen fördert und entwickelt.

Traumabewältigung

Vom Erdbeben im Iran bis zum Tsunami in Sri Lanka, von Überschwemmungen in Deutschland bis zu Wirbelstürmen in Indien, von Kriegen im Irak und Kroatien bis zum Schulmassaker in Russland, von den Konflikten in Bosnien und Afghanistan bis zum Anschlag vom 11. September in den USA – bei allen Katastrophen und Tragödien, die sich in den vergangenen Jahren auf unserem Planeten ereignet haben, kamen freiwillige und ehrenamtliche Helfer und Mitarbeiter der *Art of Living*-Organisation rund um den Globus zusammen, um dem Ruf nach Hilfe einmütig im Geist von Hilfe und Solidarität nachzukommen, und zwar unabhängig von Kaste, Überzeugung, Religion oder Nationalität.

Friedensinitiativen

In einer Welt voller Intoleranz, Unsicherheit, Zweifel und Konflikten nimmt Seine Heiligkeit Sri Sri Ravi Shankar eine Vorreiterrolle in Bezug auf erweiternde Einladungen zu Freundschaft und Frieden ein. Sein unermüdliches Engagement beim Bauen von Brücken zwischen entfremdeten Gemeinschaften und bei der Bewältigung von Traumata aufgrund von Konflikten und Kriegen ebnen den Weg zu gegenseitigem Vertrauen und anhaltendem Frieden. Die *Art of Living*-Organisation arbeitet beständig an der Förderung friedlicher Verbindungen innerhalb und zwischen zahlreichen Regionen, einschließlich Afghanistan, Kosovo, Pakistan, Israel, Libanon, Nepal und Kaschmir (Indien), mit dem Ziel von Frieden und rascher wirtschaftlicher Entwicklung.

Erziehung und Bildung

Die *Art of Living*-Organisation engagiert sich für die kostenlose, fundierte Ausbildung für Arme und stellt eine freudvolle und inspirierende Lernumgebung für Kinder aus städtischen, ländlichen und Stammesgebieten zur Verfügung. Es wurde eine Reihe von Schulen aufgebaut, die werteorientierte Erziehung und Bildung bereitstellen, darunter Stammesschulen, ländliche Schulen, Sri Sri Seva Mandirs (für Kinder aus Slums oder Stadtgebieten mit niedrigen Einkommen), die Ashram-Schule (zur Versorgung von Lernanfängern aus Dörfern rund um das Internationale Zentrum Bangalore), vedische/Agama-Schulen (zur Wiederbelebung vedischen Wissens) und Sri Sri Ravi Shankar Vidya Mandirs (zur Versorgung von Gruppen mit höherem Einkommen). Die Organisationen betreibt außerdem Einrichtungen für höheres Lernen.

(www.srisrischools.net)

Stärkung von Frauenrechten

Die *Art of Living*-Organisation bietet Programme zur Förderung von Frauen in den ärmsten Dörfern der ländlichen Gebiete. Die Mission besteht in der Veränderung des Lebens von Frauen und Mädchen, die Analphabeten sind, emotionalen Missbrauch erdulden müssen und häufig unter ernsthaften gesundheitlichen Problemen leiden. Die Organisation vermittelt grundlegende Lese- und Schreibkenntnisse sowie berufliche Ausbildungen und erleichtert so die wirtschaftliche Unabhängigkeit der Frauen und Mädchen. Darüber hinaus werden Hygienemaßnahmen und Yoga sowie Meditation gelehrt. Die daraus resultierende Erhöhung des Selbstwertgefühls und der Würde ist unermesslich.

Rehabilitation Drogenabhängiger

Im Rahmen ihres Programms arbeitet die *Art of Living*-Organisation mit Opfern von Drogenmissbrauch – sowohl in Eigenregie als auch in Zusammenarbeit mit anderen Organisationen. Das Ziel besteht darin, Drogenabhängige darin zu unterstützen, ihre Sucht vollständig zu bewältigen und so eine wirkliche Rehabilitierung zu erreichen.

Glossar

Ashtavakra	Name eines Weisen, der aufgrund einer Verfluchung durch seinen Vater verkrüppelt geboren wurde, mit acht Krümmungen. Ashtavakra Gita: Das höchste Gespräch, das je auf der Erde gehalten wurde, zwischen dem König Janaka und dem Weisen Ashtavakra.
Advaita	Nicht-Dualität, nichtdualistische Philosophie des Weisen Adishankara
Āgraha	Nehmen, Ergreifen, Gebundenheit
Aishvarya	Pracht, Glanz, Herrschaft, Allmacht
Ānanda	Wahre und anhaltende Freude, höchste Glückseligkeit
Anasūya	Neidlos, ohne jede Spur von Stolz oder Neid und damit von Bosheit oder Hass, von Egoismus oder Falschheit
Āsana	Sitz, Körperhaltung, Bezeichnung für Yoga-Positionen
Asūyā	Hass, Neid, Intoleranz, die Einstellung anderen Böses zu wollen
Atma	Das wirkliche Selbst, die unsichtbare Grundlage, die dem Menschen innewohnende Göttlichkeit, die Seele
Ātma gyan (Ātmajnāna)	Das Wissen vom Selbst

Bhagavadgītā	Wörtlich: Der Gesang des Erhabenen, ist ein philosophisches Lehrgedicht, das von vielen Menschen als heilige Schrift betrachtet wird
Deva	Göttlich, himmlisch, leuchtend, göttliche Wesenheit; Bezeichnung für die Götter, die sich auf einer höheren Ebene als Menschen befinden
Devotee	Hingebungsvoller, liebender Schüler eines erleuchteten Meisters
Dīpāwalī	Fest der Lichter, in der Neumondnacht von Mitte Oktober bis Mitte November
Dharma	Ordnung, Gesetz, Gebot Gottes, Verhaltensregeln der Selbstdisziplin, Verpflichtung, Moralkodex, Rechtschaffenheit
Duragraha	Gedanken, Ideen, negative Konzepte
Gana	Schar, Gruppe, Truppe, Diener des Gottes Shiva
Ganesha	Herr der Heerscharen, Sohn von Shiva und Pāvatī, Gott der Weisheit und der Beseitiger aller Hindernisse
Guru	Lehrer, spiritueller Meister; die Tradition unterscheidet vier Guru-Stufen: 1. die Eltern; 2. die Lehrer der Schule und Universität, Handwerksmeister usw.; 3. der spirituelle Meister; 4. der kosmische Guru, der als göttliche Inkarnation vollkommen ist
Gyāna/Jnāna	Wissen, Weisheit, Verständnis

īshvaratva	Das Wesen, die eigentliche Natur des Herrn
Īshvara	Herr, Meister, der Mächtige
Jaya	Sieg, Ausruf des Lobes, der Verehrung; die wörtliche Bedeutung weist auf den Sieg der lichten über die dunklen Kräfte hin
kāla	Schwarz, dunkel; Gott der Zeit, der für den Tod verantwortlich ist
Karma	Tat, Handlung; Aktivität, kann verstanden werden als Konsequenz einer geistigen oder körperlichen Handlung bzw. als die Summe allen Tuns eines Individuums in diesem oder vorangegangenen Leben
Karma Yoga	Yoga des Handeln; eines der vier Hauptyogas, dessen Schwerpunkt selbstloses Tun ist
Kutarka	Ein schlechtes Argument, Unehrlichkeit
Kumbha Mela	Fest, das alle vier Jahre gefeiert wird und alle 12 Jahre am Zusammenfluss der drei Flüsse Ganges, Saraswati und Jamuna in Allabhat
Mādhurya	Süße
Mahākāla	Die große Zeit; ein Name für Shiva, Vishnu oder Krishna
Māyā (Mayi)	Täuschung, Illusion, Schein; die faszinierende, irreführende Täuschung, welche die tatsächliche unwirkliche, bedingte Natur mit ihrer verführerischen Mannigfaltigkeit als letztendliche Wirklichkeit erscheinen lässt

Navarātri	Name eines Festes für Durga, das über einen Zeitraum von neun Nächten andauert
Nigraha	Ergreifen, Zurückhalten, Selbstbeherrschung, Besiegen, Vernichten
Prānāyāma	Praxis der Atemregulierung; Übung, bei der das Prānā harmonisiert wird.
Pūjā	Verehrung, Zeremonie, Ritual; meist werden dabei Früchte, Blumen, Räucherwerk u. a. geopfert.
Purāna	Urtümlich, uralt; Name einer Literaturgattung, deren Texte zu den klassischen heiligen Schriften zählen
rajas	Eine der drei Gunas, die sich als Aktivität zeigt; die Kraft, die die Trägheit überwinden kann; Dynamik
Rātri	Nacht
Rishi	Seher, inspirierender Dichter; ein Rishi kann nur jemand werden, der ein Leben ohne Verlangen führt und dessen Geist im Selbst gegründet ist
Samipya	Nahe bei
Sarupya	Gute Form, Stil, Freund, Kontakt
Sayujya	Ausgeglichenheit
Sadhaka	Jemand, der spirituellen Regeln folgt; ein spirituell Suchender
Sādhana	Spirituelle Praxis, Übung
Sādhu	Guter, tugendhafter Mensch, ein Weiser, ein Hingegebener, ein Heiliger

Samādhi	Bezeichnet einen Bewusstseinszustand, der über Wachen, Träumen und Tiefschlaf hinausgeht; es gibt verschiedene Stufen von Samādhi
Samsāra	Wanderung, Kreislauf, Wandel; die objektive Welt, die weltliche Existenz; der Prozess des Lebens, der sich in Zeit und Raum verändert
Sāmīpya	Nähe, Nachbarschaft, Nähe zu Gott
Samnyāsa	Entsagung, Aufgeben, das vollständige Loslassen aller Bindungen in vollkommenem Gottvertrauen
Sangam	Spirituelle Bedeutung: wenn drei als heilig angesehene Dinge zusammenkommen
Sankalpa	Willenskraft, Entschlussstärke, Wille, Wunsch, Ziel
Satsang	Gemeinschaft mit dem Meister, mit Menschen, die gemeinsam im Wissen des Meisters feiern
Satyagraha	Name von Gandhis Bewegung gegen die Briten
Sānidhya	Beziehung zwischen Meister und Schüler
Sārūpya	Gleichheit, Ähnlichkeit; einer, der sich die Form des Göttlichen zu eigen macht, d. h., der in den Bereich spiritueller Erfahrung eintaucht
sattva	Eine der drei Gunas; die Qualität der Ausgewogenheit, der Reinheit und Klarheit; besitzt die Fähigkeit, das Sein sichtbar werden zu lassen

Sayujya	Verbunden, vereinigt, zur selben Gruppe gehörig
Shivarātri	Die Shivas, Neumondnacht im Frühjahr, die gefeiert wird
Seva	Dienen, Verehren, selbstloser Dienst
Siddhis	Erfolg, Erfüllung, Vollendung, verborgene Kraft, Befreiung; Fähigkeiten, die über die normal üblichen Fähigkeiten des Menschen hinausgehen
Sudarshan Kriya	Eine von Sri Sri Ravi Shankar entwickelte reinigende Atemtechnik, die von Stress befreit und die Erfahrung tiefer Stille ermöglicht; wird im Kurs *Die Kunst des Lebens* gelehrt
Tamas	Eine der drei Gunas; dumpfe, inaktive Kräfte in der Natur, die sich als Nichterkenntnis, Trägheit, Unfähigkeit, Unklarheit und Dunkelheit manifestieren
Tarka	Philosophisches System, Logik, Argumentation
Vāta	Sturm, Wind; Bezeichnung für eine der drei Doshas, die als Energieprinzipien im Körper wirken
Yagya	Spirituelle Zeremonie, z. B. Feuerzeremonie
Vairāgya	Gelassenheit, Losgelöstheit, innere Freiheit, Leidenschaftslosigkeit allem gegenüber
Vitarka	Spezielle Diskussion

Yoga	Vereinigung, Verbindung; unter dem Begriff Yoga werden die Traditionen zusammengefasst, die durch Übungen, Praktiken und Disziplinen den Kontakt zum Selbst oder zu Gott herstellen

Für weitere Informationen kontaktieren Sie bitte:

The Art of Living
Europäisches Zentrum
Bad Antogast
77728 Oppenau

Tel. 07804/97390
www.artofliving.de

www.shankaraeu.com

The Guru of Joy

Sri Sri Ravi Shankar & Die Kunst des Lebens

François Gautier

ISBN: 978-3-937883-21-2

Eine sehr lebendige und aufregende Erzählung, die das Leben und die Verdienste eines der unkonventionellsten Gurus unserer Zeit darstellt.

Dieses zur rechten Zeit erscheinende Buch voll tiefen Verständnisses gibt einen faszinierenden Einblick in Sri Sri Ravi Shankars Kindheit und Jugend, seine Entwicklung, die Jahre, die ihn prägten, den anschließenden Wachstums- und Reifeprozess, der ihn letztendlich auf die internationale Bühne katapultierte. Der Autor beschreibt in allen Einzelheiten anschaulich, wie Sri Sri Ravi Shankar seine Stiftung gründete, wie er nach einer tiefen Meditation das Sudarshan Kriya entwickelte und wie er unermüdlich bemüht ist, seine einfache, aber bemerkenswerte Philosophie zu verbreiten: Feiert das Leben!

Verlorene Geheimnisse des Betens
Die verborgene Kraft von Schönheit, Segen, Weisheit und Schmerz
Gregg Braden

ISBN: 978-3-937883-20-5

Gregg Braden beschreibt eine uralte Art des Betens, die sich weder Worten noch sonstigen äußeren Ausdrucks bedient. Er begleitet uns als erster Autor auf eine Reise, auf der wir entdecken, was unsere intimsten Erfahrungen uns über unsere tiefsten Überzeugungen verraten. Anhand von Fallbeispielen und persönlichen Aufzeichnungen ergründet Braden die Weisheit dieser ewig gültigen Geheimnisse und die Kraft, die jeden von uns erwartet ... Direkt hinter unserem tiefsten Schmerz!

EchnAton Reisen
und Seminare